Welfare States and Gender Politics

福祉国家とジェンダー・ポリティックス

深澤 和子

東信堂

はしがき

　本書は、著者が1990年代後半以降、福祉国家のジェンダー分析 (gendering welfare states)に関して書きためてきた論稿をまとめたものである。これまで日本におけるこの分野での研究が未だ単発的であることを考慮して、できるだけ一貫性のある系統的なまとめを心がけたつもりである。したがって、本書の特色を一言でいえば、戦後の福祉国家体制の基礎に据えられた男性＝稼得者／女性＝家族の世話係というジェンダー関係に着目し、それが福祉国家の諸制度にいかに組み込まれてきたか、それが女性の自立をどのように制限してきたのか、このジェンダー関係がフェミニストたちによっていかに批判され、その克服のために福祉国家のジェンダー分析がいかに深化させられてきたかを、一貫して追究しているところにあるということができよう。この特色を明確に打ち出すために、初出論文は大幅に再構成され修正されているが、参考までに、本論の中心となった論文名をまず挙げておくことにしよう。

　　「福祉国家のジェンダー化」『大原社会問題研究所雑誌』485号、1999年4月号。
　　「福祉国家とジェンダー——1970年代後半以降の欧米の研究動向とその明らかにしたもの——」『日雇労働者・ホームレスと現代日本』(社会政策学会誌 第1号) 御茶の水書房、1999年7月。

「女性労働と社会政策」木本喜美子／深澤和子編著『現代日本の女性労働とジェンダー――新たな視角からの接近――』ミネルヴァ書房、2000年11月。
「福祉国家とジェンダー・ポリティックス」宮本太郎編著『福祉国家再編の政治』ミネルヴァ書房、2002年11月。

　本書は、三部構成の本論と二つの補論から成り立っている。第一部では、まず戦後の各国の福祉国家形成に大きな影響を与えたベヴァリッジ報告の基礎に据えられた男性＝稼得者／女性＝被扶養の家族世話係というジェンダー関係が当時いかに一般的な規範であったかが明らかにされるとともに、それが当時の歴史段階において一定の積極的意義を有していたことも歴史的文脈の中から示される。その上で、とりわけ1970年代後半以降活発化したフェミニストの福祉国家批判が徐々にこのベヴァリッジの想定したジェンダー関係に向かい、このジェンダー関係の変革こそが女性の自立・自律に不可欠であるという認識に到達し、比較福祉国家研究の成果も取り入れながら独自の福祉国家分析トゥールを発展させてきたことが明らかにされる。特筆すべきは、フェミニストは、福祉国家を単に「国家の家父長制」として批判するだけではなく、そこに「人間解放の潜在力」が存在していることを同時に示したということである。この点の承認こそ、旧来のジェンダー関係を変革していくための戦略を福祉国家の変革と関連づけて捉えるフェミニストの姿勢を理解する上で不可欠のことなのである。
　第二部は、女性労働政策の分野で展開してきた旧来のジェンダー関係変革のための諸戦略が、国連やILOを中心としていかなる文脈の中から形成されてきたか、その中心的内容はいかなるものかを歴史に即して明らかにしたものである。周知のように、この分野ではかなり明確な旧来のジェンダー関係変革のための戦略（ジェンダー平等政策）が各国の共通認識となっているため、そこでの各国の問題点も浮き彫りにされやすい。

ここでは、日本の状況を明らかにするために、このジェンダー関係変革という視点からの比較福祉国家研究を試みたが、著者としては、この試みは一応成功したと考えている。

　第三部では、女性労働政策分野での歩みよりやや遅れている社会保障分野での旧来のジェンダー関係変革の戦略の状況を明らかにしつつ、とりわけ高齢者ケアに焦点を絞って現在進行中の各国の諸制度がどの程度ジェンダー関係の変革に寄与しうるものかを検討している。家庭内での高齢者ケアというアンペイド・ワークの社会的評価が開始されるのが主として1990年代に入ってからのことであるため、未だその全体像を十分に把握するには至っておらず、したがって、当該分野での日本の状況を明らかにするための比較福祉国家研究にも手をつけられてはいない。その意味で、第二部に比較して第三部の不十分性は否定できない。しかし、現在進行中の高齢者ケアの社会的評価の諸制度がどの程度旧来のジェンダー関係の変革に結びつくかという観点からの整理は今のところ見当たらないことを考え、あえてこの分析の不十分性を承知の上で掲載することにした。女性労働政策分野での比較福祉国家研究に匹敵するような試みは他日を期したいと思う。その意味で、読者のご寛容を願うとともに、本書に対する忌憚のない批判を期待している。

　なお、巻末に補論として、イギリスの歴史における主婦の雇用・有給労働の実態と無給の家事労働の社会的評価に関する旧稿(深澤和子、1997)と未だM字型就労サイクルを脱却しえない日本の女性労働の特徴についての旧稿(深澤和子、2000b)を加筆修正し収めたが、二つとも本論の理解に大いに役立つであろうと考えている。

福祉国家とジェンダー・ポリティックス　目次

はしがき ……………………………………………………………… iii

序章　戦後福祉国家におけるジェンダー関係 ……………… 3
　第1節　ベヴァリッジ・プランにおけるジェンダー関係 …………… 3
　第2節　ベヴァリッジ・プランの歴史的意義 ……………………… 5
　第3節　ベヴァリッジ・プランにおけるジェンダー関係の普遍性 ……… 8

第一部　福祉国家のジェンダー分析の到達点と課題

第一章　福祉国家のジェンダー分析の展開 ……………… 13
　第1節　福祉国家のジェンダー分析の開始 ………………………… 13
　　　　　──福祉国家と女性の関係
　　　1）1970年代末における福祉国家のジェンダー分析　13
　　　2）1970年代末における福祉国家批判の背景とその特色　14

第2節　福祉国家のジェンダー分析の深化……………………………………16
　　　　――ジェンダー関係への着目
　　　1）　1980年代における福祉国家のジェンダー分析　16
　　　　　――権力・資源配分におけるジェンダー不平等分析
　　　2）　福祉国家と女性との「もう一つの関係」分析　21
　　　　　――スカンジナヴィアにおける福祉国家のジェンダー分析

第二章　フェミニスト比較福祉国家研究の進展 ……………………25

第1節　1990年代前半期おけるフェミニストの比較福祉国家研究……………25
　　　　――比較福祉国家研究における模索の時代
　　　1）　「権力資源」学派の福祉国家類型論の批判的摂取　26
　　　2）　フェミニスト独自の比較福祉国家研究の開始　29

第2節　フェミニスト比較福祉国家研究の進展 ……………………………31
　　　　――ジェンダー関係の戦略的転換を目指して
　　　1）　男性稼得者タイプを基準にした類型化　33
　　　2）　ジェンダー・ポリシー体制(gender policy regimes)による類型化　33
　　　　　――男性稼得者(male breadwinner)、別個のジェンダー役割
　　　　　　(separate gender roles)、各人稼得者＝家族世話係
　　　　　　(individual earner-carer)という三つの体制

第二部　女性労働政策から見た新しいジェンダー関係構築に関する分析視角

第三章　女性労働政策の新しい分析視角 ……………………………39

第1節　新しいジェンダー関係構築と国連・ILOの動向 ……………………39
第2節　新しいジェンダー関係構築を目指すILOの戦略 ……………………41

第四章　M字型就労サイクル脱却から見た比較福祉国家研究 ……44

第1節　女性のM字型就労サイクル脱却と福祉国家………………………44
　　　　——国家主導型／企業主導型のM字型就労サイクル脱却
第2節　女性の就業構造とM字型就労サイクル ……………………………51
第3節　日本の女性労働に対する社会政策とその限界性 …………………57
　　　1）ジェンダー平等推進者としての国家　57
　　　2）雇用者としての国家とジェンダー平等政策　63
　　　3）発注者としての国家とジェンダー平等政策　65
　　　4）「女性の労働願望」に対する支援策と国家の役割　67
第4節　M字型就労サイクル脱却のための課題 ……………………………72

第三部　社会保障制度における新しいジェンダー関係構築に関する分析視角——高齢者ケアを中心に——

第五章　社会保障制度におけるジェンダー関係の変革とILO ……………77

第1節　社会保障制度におけるジェンダー関係の変革に対するILOの態度……77
　　　1）基本原則の明確化と条約化の放置　77
　　　2）21世紀におけるILOの新しい動き　78
第2節　ケアワークの社会的評価の現段階……………………………………81

第六章　高齢者ケアワークの社会的評価の多様化と新しいジェンダー関係の構築 ……………………………………85

第1節　介護給付(payments for care)の存在形態とその意味するもの ………85
第2節　介護給付の二形態 ……………………………………………………87
　　　　——要介護者給付／介護者給付の動向

結論　新しいジェンダー関係構築のために ………………………………95

本論 注

注 ··· 100

補 論

補論1　歴史の中の主婦労働 ··· 115
　　　　――イギリスにおける母親手当要求のジェンダー分析
　はじめに ·· 115
　第1節　主婦の雇用労働・無給の家事労働 ·· 116
　第2節　労働者家族の主婦の労働の実態 ··· 119
　第3節　「女性の役割」イデオロギーと母親手当の結合 ························· 122
　　　　　――社会主義者と母親手当

補論2　日本の女性労働の特徴 ··· 131
　第1節　女性労働の分析視角と分析課題 ··· 131
　第2節　労働力の女性化と女性の就業構造における日本的特徴 ··············· 133
　　　　　――農家女性労働の雇用労働への影響力
　第3節　雇用労働におけるジェンダー間分離 ······································· 136
　　　　　――小零細企業への集中、パート雇用、派遣労働、賃金格差
　第4節　性別職業分離から見た特徴 ·· 143
　　　　　――製造業での女性活用、経済のサービス化、非伝統的職業への進出

参考および引用文献 ·· 151
あとがき ·· 163
索　引 ·· 167

福祉国家とジェンダー・ポリティックス

序章　戦後福祉国家におけるジェンダー関係

　フェミニストによる福祉国家のジェンダー分析は、第二次世界大戦後先進国を中心に樹立された福祉国家の諸制度が前提したジェンダー関係、つまり男性＝稼得者／女性＝被扶養の家族世話係というジェンダー関係に着目することから開始された。そこで、次章以下で展開される福祉国家のジェンダー分析の展開をより深く理解するために、まずは、第二次世界大戦後における福祉国家の基礎に置かれたジェンダー関係とその意味をあらかじめ明らかにしておこう。

第1節　ベヴァリッジ・プランにおけるジェンダー関係

　第二次世界大戦後におけるイギリスの福祉国家構想として戦争中に打ち出されたベヴァリッジ・プランは、その内容だけではなく福祉国家を構想するという発想の点でも、当時の多くの国々に影響力を行使した。[1] それは、たとえば、「カナダのベヴァリッジ・プラン」や、後世そう呼ばれたにせよ「フランスのベヴァリッジ」（ピエール・ラロック Pierre Laroque）などの言葉にその痕跡を残していることからも推測することができる。こうして、ベヴァリッジ・プランはその母国イギリスをこえて

各国の福祉国家樹立を促す一つの契機をなした。しかし、他方では、福祉国家の類型化論からも推察できるように、福祉国家を構成する具体的諸制度のそれまでの歴史的(未)発展に規定されて各国の福祉国家の諸制度には共通性とともに各国固有の特色も付与されることによって、福祉国家体制と称せられる独自の福祉国家がつくりあげられてきた。[2]以下では、各国の独自性の側面に配慮しながらも、第二次世界大戦後の福祉国家を象徴するベヴァリッジ・プランを例にとって、その前提としたジェンダー関係と、このジェンダー関係が内包していた問題性について検討する。また、ベヴァリッジ・プラン以外の福祉国家構想やそれに基づく制度に関しても必要な限り言及することにする。

　全国民をカバーする、体系化された社会保険と関連サービスを構想したベヴァリッジ・プランは、労働年齢にある既婚女性を独自のカテゴリーとして制度に組み込み、配偶者の拠出を介して制度の受給者となる途を設けた。[3]有業の既婚女性にも、無業の妻と同様に配偶者の拠出を介して受給者となる選択肢を与えることによって、全体として既婚女性はその配偶者の拠出によって受給権を取得するものとした。これは、今日多くの論者によって指摘されているように男性＝稼得者／女性＝被扶養の家族世話係という家庭内の役割分業に基づくジェンダー関係を前提に制度を構想したことを意味すると同時に、ここにフェミニストの批判も集中することになる。ただし、ベヴァリッジ自身はこの考えを否定し、「主婦を**その夫の被扶養者としてでなく**、夫に稼得のあるときはこれを分けあい、稼得のないときは給付や年金を分けあう協力者として取り扱うことによって、その地位を認めた」(ベヴァリッジ／山田監訳、1969：パラグラフ117：78、強調引用者)ものであると解していた。その意味では、後に詳しく見るように、ベヴァリッジは、女性＝被扶養の家族世話係という単純な図式ではなく、女性の家族世話係としての側面を、すなわち女性の行うアンペイド・ワークを独自の方法で評価しようという意図を持っていたことも見落とすべきではない。[4]

しかし、こうしたベヴァリッジの意図はともかく、女性＝被扶養の家族世話係という関係が、構想された制度において明確に現れていることも確かである。たとえば、その典型を被用者などの有業者として被保険者の途を選択した既婚女性の差別的取扱いに見出すことができる。つまり、有業の被保険者である既婚女性に関しては、失業や疾病による所得の中断に対して男性と同様の所得補償を与える必要性を認めなかったが、これは明らかに既婚女性が男性の被扶養者であることに基づいた処遇なのである。すなわち、ベヴァリッジ・プランでは、「既婚女子が拠出を行ない、ふたたび失業や労働不能の給付の受給資格を得たいと望むならば、そうした道を選ぶこともできるが、支給額は減額されたものとなるであろう」(ベヴァリッジ／山田監訳、1969：パラグラフ111：75)として、その理由を、「主婦にはその夫の稼得や給付によって支えられている家庭がある」(同上)ところに求めている。しかし、同時に、衡平という立場から見たこうした措置の妥当性にも言及し、有業の既婚女性に対する特別出産給付の支給や、出産給付の割増をその根拠に挙げている(同上、パラグラフ113：76)。

第2節　ベヴァリッジ・プランの歴史的意義

　そして、実際、戦後成立した国民保険制度も基本的にこの原則を踏まえて設計されている。しかし、重要なことは、こうしたジェンダー関係に基づいた有業の既婚女性の差別的取扱いは、イギリスでは1911年国民保険法(失業保険・健康保険法)においてすでに行われていたことであった。同法は、たとえば健康保険に関してみれば、既婚女性には減額された疾病給付が当然のこととされた。しかも、その額が一般独身女性よりもさらに低い21歳未満の未婚女性と同額に設定されたことに象徴されるように、そこには明らかに既婚女性＝被扶養者という考えが反映されていたのである。同給付は、成人男性10シリングに対して成人の独身女性

については7シリング6ペンスと男性より低かったが、既婚女性はこの成人独身女性よりもさらに低く、21歳未満の独身女性と同額の5シリングであったのである。

とはいえ、既婚女性＝被扶養者と規定したものの、健康保険制度を例にとれば、無業の妻の制度への組み込み自体極めて限定的であったことも付け加えておかなければならない。つまり、被保険者の妻に対してはわずかに出産手当金が存在するのみであり、医療の現物給付については結核を除き被扶養の妻には（子どもについても同様）その適用さえなかった。その理由は、「家族が単位となっている場合には、保険すべき重要な対象は夫の健康であって妻の健康ではない。夫が健康でありかつ働いて十分な備えを得ることができる限り、妻の健康には関わりなく家族のニーズに貢献しうるが、夫の健康が悪くなれば賃金を稼ぐ人がいなくなる」(Report of the Actuaries, 1910：51; Gilbert, 1993：315) というものであり、この段階では、被扶養者に対する第一義的責任は未だ稼得者としての男性に課されていたのである。しかし、被扶養者としての女性という把握は寡婦に関してはより強く貫かれており、寡婦に対しては、婚姻期間中に雇用労働に従事していなくても、配偶者亡きあと被保険者としての健康保険制度への復帰と直ちに満額の給付を受給できる途が用意されていた。その意味で、この段階では、女性＝被扶養の家族世話係という関係が完全に制度に組み込まれていたわけではなかったのである。

こうした歴史的事実からベヴァリッジ・プランを見てみると、その斬新性は、寡婦ではない無業の妻に正式に制度上の位置、したがってその配偶者を介してであるとはいえ社会保障の受給権を与えたことにあるといえよう。そして、この受給権付与は、彼女たちが「無給とはいえ、きわめて重要な仕事に従事しているものであり、それなしには夫が有給の仕事につくこともできず、ひいては国家の存立をも危うくする」（ベヴァリッジ／山田監訳、1969：パラグラフ107：72）からであった。こうした無業の主婦に対する受給権付与は、とりわけ当時の労働者階級の妻が、水道も

満足な台所もない劣悪な住宅状況のもとで、大勢の子どもたちを産み育てるために行っていた、健康を損なうほど過酷な家事労働を考慮すれば、またそうした女性の大半が社会保険としての健康保険制度から除外されていたことを考慮すれば、確かに彼女たちにとって受けるに値する処遇だったのである。[5]

　したがって、この文脈からベヴァリッジ・プランの歴史的意義を捉えれば、後にフェミニストによって批判されることになる男性＝稼得者／女性＝被扶養の家族世話係というジェンダー関係を前提にして福祉国家を構想したことは疑いえないにしても、そこには、女性の被扶養者としての側面のみでなく、「女性が家庭内で行う重要な役割をはじめてアンペイドの家事労働という言葉で認め」(Wilson, 1983：37)る視点が含まれていたこと、そして、この家族世話係を根拠として無業の妻に社会保障の受給権を付与したことを指摘する必要があろう。[6] もっとも、このベヴァリッジによるアンペイド・ワークの評価が、今日的評価とはその位置づけにおいても、またその方法においても異なっていることを強調しておかなければならないのも確かである。というのも、ベヴァリッジ報告におけるアンペイド・ワークの評価は、上述のように、あくまでも家族という単位の中で夫との関係でなされ、したがって夫の拠出を媒介としてそれが制度化される仕組みになっていた。これに対して、今日においては、第六章で明らかにするように、たとえばドイツの介護保険における介護者への年金・労働災害給付の付与に見られるように、ケアワーク(具体的には育児労働や介護労働)が直接社会的に評価され、したがって直接社会保障制度に反映されるようになっているからである。いずれにしても、こうした差異を踏まえながらも、歴史的文脈にベヴァリッジ・プランを位置づけたとき、それが家庭内で行う女性のアンペイド・ワークの社会的評価に途を拓いたという点を忘れるべきではないということである。[7]

第3節　ベヴァリッジ・プランにおけるジェンダー関係の普遍性

　ところで、ベヴァリッジ・プランがその基礎に据えたこうしたジェンダー関係は、イギリスだけでなく当時の多くの国々における社会保障制度の前提に置かれたいわば普遍的な規範化された関係でもあり、各国における諸制度の形態上の差異をこえて見出しうるものであった。他の多くの国々と異なり、社会保険方式をとらずに基本的に無拠出原理に基づく独自の社会保障制度をつくりあげてきたオーストラリアにおいてさえ例外ではなく、ここでも男性＝稼得者／女性＝被扶養の家族世話係というジェンダー関係の上に制度が構築されてきたのである。ここでは、具体的制度に現れたこのジェンダー関係を確認しておこう。

　まず、オーストラリアで1908年廃疾・老齢年金法に基づき1909年4月から支給が開始された老齢年金に関してみれば、資産調査以外に人格調査も行われ、欠格条項の一つとして、夫に関しては年金申請に先立つ5年間に正当な理由なく「妻を置き去りにするか扶養しなかった場合」、父親ならば「14歳以下の子どもを扶養しなかった場合」、妻ならば「夫を置き去りにした場合」、母親ならば「子どもを置き去りにした場合」が挙げられていた(Daniels, 1999)。この欠格条項は、まさに、男性には夫としてまた父親として妻子を養う義務があること、女性には、妻としてまた母親として夫や子どもの世話をする義務があることを明示的に求めたものであり、男性＝稼得者／女性＝被扶養の家族世話係というジェンダー関係をもとに制度化されたものであることがわかる。[8]

　そして、第二次世界大戦中の1941年から開始された社会保障制度改革に関する両院議会委員会の数次にわたる報告を受けて、1944年には失業・疾病給付法も成立し、1945年7月から施行されることによってオーストラリアも本格的な福祉国家への途を歩み始めることになるが、この失業・疾病給付も廃疾・老齢年金と同様に無拠出原理に基づくとともに、同じく男性＝稼得者／女性＝被扶養の家族世話係というジェンダー

関係を内包した制度であった。今、その点を失業給付に関して一瞥しておこう。失業給付は、もともと「主として男性労働力のフルタイム雇用が基準となっている労働市場向けに……考案された」(Daniels, 1995：4)ものであり、したがって、最初から被扶養の妻と第一子には付加給付が設けられていた。1947年には、部分的に扶養されている妻に対しても付加給付が認められるようになった。他方、失業給付支給用件の一つである所得調査(income test)は世帯単位であるため、配偶者の夫が年金生活者でなく主な稼得者である場合には、妻の失業に対してはたいていの場合失業給付は支払われることはなかった。こうして、無拠出原理で構築されているオーストラリアの社会保障制度も、その根底にはベヴァリッジ・プランにおけると同様のジェンダー関係を見出しうるのである。

　しかし、いうまでもなく、こうしたジェンダー関係は、各国においてすべての社会保障制度に同じ力をもって貫き具体化されてきたわけでは決してなく、個々の制度の成立事情やその推進力などに規定されて濃淡があることは論を待たない。とはいえ、これまで見てきたように、第二次世界大戦後、各国の福祉国家が多かれ少なかれこの男性＝稼得者／女性＝被扶養の家族世話係というジェンダー関係に基づいて制度の体系化を図ってきたことは疑いえないことなのである。

　こうして、第二次世界大戦後に確立した福祉国家の諸政策の基礎に据えられた上述のジェンダー関係が、そして、とりわけ女性に与えるその影響がフェミニストによって取り上げられ、福祉国家のジェンダー分析が展開されることになるのである。次章以下で、その時代的変遷を見ることにしよう。

第一部
福祉国家のジェンダー分析の到達点と課題

第一章 福祉国家のジェンダー分析の展開

第1節 福祉国家のジェンダー分析の開始
―――福祉国家と女性の関係

　「その［イギリス福祉国家の］家族、労働者階級、時には中産階級に与える影響が検討されてきたし、その社会主義との関連についての議論もしばしば行われてきた。全く議論されてこなかったのはその女性に与える影響である」。　(Wilson, 1977：170)

1）1970年代末における福祉国家のジェンダー分析
　従来の福祉国家研究に対する1970年代に発せられた上記の批判は、これまで研究対象とされてこなかった福祉国家における女性の地位を検討することの必要性を示唆した点で画期的であった。しかし、同時に、この福祉国家と女性との関係に対する関心は、家事労働論争の「余韻」の中で、もっぱら近代家族を「女性が国家の抑圧を受ける場であると同時に、その抑圧の実行者が往々にして個々の男性となっている場」(Wilson, 1977：186)と位置づけることによって、「国家の施策における抑圧的要素」(Wilson, 1983：43)に主として批判の目が向けられることになった。こう

して、一方では、「あらゆる種類の社会政策は女性とその子どもたちを被扶養者と定義し続けて」(Wilson, 1977:179)いることから、福祉国家がいわば女性の従属的位置を維持することに寄与してきた側面を析出し、福祉国家における女性＝被扶養者という規定の持つ問題性を「家父長制」という視点から提起した。他方で、夫をも含む家族員の世話に責任を負わされている女性＝家族世話係を土台にしてこれまで男性の利害が優先される価値観が形成されてきたことに着目し、「社会政策は、これらの価値観が、それゆえ両性間の不平等が、維持される極めて重要な手段となっている」(Land, 1978:284)ことを指摘した。それゆえ、これまで福祉国家の研究者によって無視されてきた福祉国家と女性の関係をめぐるこうした理解は、次節で見るように、後に1980年代にジェンダー関係を男性＝稼得者／女性＝被扶養の家族世話係という関係として統一的に把握し、福祉国家のジェンダー分析をさらに深化させるための端緒として位置づけられるものである。

2) 1970年代末における福祉国家批判の背景とその特色

　福祉国家と女性の関係をめぐるこうした厳しい批判の背景には、たとえばイギリスを例にとれば、すでに1970年代初めには既婚女性の就業率がほぼその半数となり二人に一人が働いているという状況のもとで、[1] ベヴァリッジ・プランの基礎をなした男性＝稼得者／女性＝被扶養の家族世話係というジェンダー関係をもとに構築された福祉国家の諸制度の矛盾が目に見える形で噴出していたことが挙げられる。ヒラリー・ランド(Hilary Land)によるイギリス福祉国家の所得維持政策やケア政策の具体的分析が明らかにしたように、とりわけ問題視されたのは、既婚女性の労働インセンティヴをそぐような社会保障制度における男女不平等取扱いであり、また何よりも家族世話係としての責任を負わされていることが女性の労働市場での二流の地位を規定していることであった(Land, 1978)。こうして、1970年代後半においてフェミニストたちは、「福祉制

度は、これらの規範[妻や母親としての定義]をこえる女性に非難を浴びせたり、往々にして彼女たちを罰したりする傾向を有してきた」(Wilson, 1977:178)こと、そしてとりわけ家族の世話に対する責任を専一に負わされていることから生じる労働市場での女性の不利益に異議申立てを展開したのだといえよう。それゆえ、この段階では、序章で見たように、ベヴァリッジが既婚女性のアンペイド・ワークを夫の拠出を介してであるとはいえ評価しようとした点に注意が向けられるのではなく、むしろ女性＝被扶養者かつ家族世話係であるという、諸制度の基礎に置かれた規定が女性抑圧の根底にあることが批判の対象にされたのである。

とはいえ、こうしたフェミニストによる福祉国家と女性の関係分析は、「現に存在している事実であるものの分析」(*ibid.*:186, 下線原文イタリック)の結果なのであり、彼女たちが決して福祉国家そのものを否定しているものではないことに注意する必要がある。というのも、現実を見れば明らかなように、「福祉国家は、家庭における主婦や母親にセーフティ・ネットを投げかけてきた」(*ibid.*:179)からである。しかも、それだけではなく、公的福祉サービスの提供が大部分女性によって担われているという現実や、そうしたサービスや給付の受給者の多くも女性によって占められているという現実から、被用者としてまた受給者としての立場からそれらに対するコントロールの問題が福祉国家と女性との関係を転換させていく上で重要であることを認識していた点で、単純な福祉国家批判を展開したものではないことを確認しておかなければならない。

しかし、主流の福祉国家研究に対する1990年代のフェミニストの批判が、これまでの福祉国家研究は「女性や男性に与える福祉国家の影響やその影響の差異についてはほとんど何も説明していないし、また、両性間での福祉制度の不平等についてはほとんど無視してきた」(Sainsbury, 1996:1)という理解の上に立ち、女性のみでなく男性も、いいかえればジェンダー関係という視点からより多面的に福祉国家のジェンダー分析を提起していることに比べれば、1970年代後半のフェミニストの関心は

福祉国家と女性との関係に限定されていたという点で、まさに福祉国家のジェンダー分析の開始を意味したにすぎないということもまた確かである。

第2節　福祉国家のジェンダー分析の深化
——ジェンダー関係への着目

1）1980年代における福祉国家のジェンダー分析
——権力・資源配分におけるジェンダー不平等分析

「1980年代におけるフェミニストの仕事のますます多くの部分は、その大半が支払い労働と不払い労働の不平等な分業から生じる権力や資源の配分の不平等性に焦点を当てるようになってきた」。　　　　　　　　　　　　　　(Lewis, 1989：133)

イギリスにおけるソーシャル・ポリシーのジェンダー分析を一貫して行ってきた代表的な研究者の一人であるジェイン・ルイス(Jane Lewis)による上記の総括は、フェミニストの1980年代における仕事が、1970年代においてすでに基本的に把握されていた「性差(生物的なもの)をジェンダー(社会的なもの)と区別するとともに、妻および母としての女性の労働をアンペイド・ワークとして概念化したこと」(Lewis, 1989：132)の延長線上にあることを意味するものであり、福祉国家のジェンダー分析の本格的展開を示唆するものである。

1980年代における福祉国家のジェンダー分析において何よりも強調しておかなければならない点は、「社会政策の構造が、『常態では』成人女性は経済的に男性に依存しており、男女の間には分業が存在するという考えを反映してきた」(Lewis, 1983：1)と捉えることによって、福祉国家の基礎には男性＝稼得者／女性＝被扶養の家族世話係というジェンダー関係が存在することを明確化したことである。このジェンダー関係こそ、

「女性の有給雇用を補助的なものと扱い、家族内での権力や資源の配分問題を無視し、家庭内での性別分業を当然視してきた」(ibid.:4)福祉国家の諸制度の根底にあるものなのである。

　フェミニストのこうした視点からの福祉国家の諸制度の見直し、歴史の点検作業が1980年代には活発化することになるが、こうした福祉国家のジェンダー分析が、折しも、サッチャー、レーガン政権の登場により、「伝統的な家庭内の性別分業強化の要求」(ibid.:2)が声高になる中で追求され、「フェミニストの運動がいかに成功裡にそれらに反撃しうるかということに関しては決して確信があるわけではない」(ibid.:2-3)状況のもとで営まれたことを記憶しておく必要があろう。

　こうして、1980年代には、一方で、福祉国家の諸制度の前提をなしているジェンダー関係、すなわち「男性稼得者と、夫や子どもおよび他の被扶養親族の福祉を自分の第一の責任とする女性からなる」(ibid.:3)家族とそれを前提とした家族賃金イデオロギーの社会規範化のプロセスが研究されるとともに、[4]他方では、男性＝稼得者／女性＝被扶養の家族世話係というジェンダー関係に基づいた社会保障制度や税制を貫くジェンダー不平等についての歴史研究や現状分析がより広範にかつ精緻に展開されることになる。本格的な研究成果は(とりわけ歴史研究に関しては)1990年代を待たなければならないにしても、ここで提起された問題は、旧来の福祉国家の限界を問い、1990年代におけるフェミニストによる独自の福祉国家類型化に至る研究発展の土台をなしている。

　さて、イギリスでは、福祉国家のジェンダー分析のためにまず着手されたのは、第二次世界大戦後の福祉国家を基礎づけたベヴァリッジ・プランが前提とした男性＝稼得者／女性＝被扶養の家族世話係というジェンダー関係批判であり、またそこから派生するジェンダー不平等の批判であった。すでに、同プランが出された時点でフェミニストのアボット(E. Abbot)やバンパス(K. Bompass)によって批判されたのは、ベヴァリッジが「金持ちであろうが貧しかろうが、主婦であろうが収入を得てい

る労働者であろうが、既婚女性に独立した人格を持った地位を与えない」(Lewis, 1983：19)ことであったが、これは、「法の前では女性にも平等が与えられるべきであり、また労働の点では、『えこ贔屓[保護]ではなく公平な場』が保証されるべきである」(*ibid.*)という彼女たちの平等観に基づいてなされた批判であった。しかしながら、1980年代における批判は、一方では、家庭内で行われるとりわけ既婚女性のアンペイド・ワークを夫の拠出を介してであるとはいえベヴァリッジが評価したことの歴史的意義を認めながらも、5 当時の主たる関心はベヴァリッジ・プランの想定した男性＝稼得者／女性＝被扶養の家族世帯係というジェンダー関係から導き出される社会保障制度や労働市場におけるジェンダー不平等にあった。つまり、1980年代のフェミニストの関心は、何よりも、現実にアンペイド・ワークもペイド・ワーク(その多くはパートタイムという雇用形態でのペイド・ワーク)も行うことによって二重の負担を背負わされている既婚女性労働者の厳しい現実(生活時間配分における異常な男女格差がその典型例)に、しかも、そのペイド・ワークを介して得られる社会的市民権(social citizenship, 1980年代には市民の社会的諸権利と表現されることが多かった)さえ男性に比べて格段に劣っていることに関心が向けられた。

　こうした1980年代における福祉国家のジェンダー分析は、とりわけ1990年代の福祉国家研究に多大の影響力を行使することになるエスピン＝アンデルセン(G. Esping-Andersen)の「脱商品化 decommodification」概念を鋭く批判する内容をすでに備えていたことを指摘しておく必要がある。すなわち、フェミニストたちは、すでに1980年代の早い段階で、後にエスピン＝アンデルセンによって用いられる「脱商品化」は主として拠出制社会保険制度を介して国家から「援助を受ける権利 the right to support」を獲得する男性労働者にのみ関わる概念にしかすぎないことを見抜いていただけではなく、この「援助を受ける権利」は「男性の労働インセンティヴを保持したいという[国家の]願望」(Land, 1983：66)に拘束されていることに気づいていたからである。さらに、既婚女性の場合に

は、国家からの諸給付は「賃労働を選択するインセンティヴを持ち続けさせようとする[国家の]願望によってではなく、彼女たちが家族のためにアンペイドのケアワークを続けるであろうという関心によって決定される」(*ibid.*)こと、したがって、全体として、社会的諸権利の発生原理が男女で全く異なっており、かつ既婚女性に関しては、その多くが労働市場でパートタイマーという「脱商品化」のための諸装置に到達しえないような不利な立場に置かれていることから、決して男性と同じ「脱商品化」の機会が女性に与えられているわけではないことを喝破していたのである。

　以上の視点から、1980年代には、とりわけ既婚女性のペイド・ワークに対する社会政策の関わり方が歴史的にどのようなものであったを、工場法、失業保険法、健康保険法などの具体的分析を通して明らかにする作業が多くのフェミニストによって行われた。[6]また、「社会保障や租税制度はともに、婚姻……により女性は被扶養者となり、また家族に入ってくるお金は平等に配分されるという仮説に基づいて、家族を[社会保障給付や課税に際しての]査定の基礎単位とする」(Lewis, 1983:4)ことによってもたらされる個別の問題についても、離婚や非婚による単親家族の問題も含めて同様の視点から分析がなされるとともに、イギリスにおける1970年代後半以降の性差別禁止法(1975年施行、1986年改定)や同一賃金法(1970年成立、1975年施行、1983年改定)によるペイド・ワークの場面で展開された是正措置の効果やその限界、また年金制度をはじめとする社会保障分野での個人としての権利の拡大や税制度における個人化の進展とその問題性など、多方面にわたる現状分析が活発に進められた。まさに、「権力や資源配分におけるジェンダー不平等」の具体的有り様が探求されたといえよう。

　こうして、1980年代は1970年代後半におけると同様に、どちらかといえば、福祉国家の諸政策が家庭内の「性別分業を強化してきた」論理とその具体的プロセスに分析の焦点が当てられ、いわば「国家の家父長制」な

いし「家父長制的福祉国家」の側面が浮き彫りにされた傾向は否定できない。しかし、1970年代におけると同様に、このことが福祉国家の否定にはつながらないことも再度強調しておかなければならない。1980年代末にH. ランドが総括しているように、「一部の女性は、国家の給付をあてにすることが、収入の予想もできないけちな夫をあてにするよりもよっぽどましであろうということを、ここ20年の間に悟ってきた」(Land, 1989：143)のであり、また、J. ルイスが指摘するように、これまで夫の暴力を受けてきた妻が、夫と別れて「所得扶助を受給し、夫の扶養に依存していたときよりも生活が良くなる」(Lewis, 1989：133)ことの意義を十分に理解していたことを確認しておく必要がある。その意味で、フェミニストの福祉国家批判を以下のようにのみまとめるのは、「人間解放のための潜在力」という観点から福祉国家を捉えるフェミニストの考えの一面しか捉えていないということになろう。すなわち、「フェミニストの福祉国家批判の最大の論点は、福祉国家プログラムや福祉政策が性差別的な家族モデルを前提として組み立てられており、それを固定化し、促進する機能を果たしているという点にある。その意味で、C. ピアーソンのように、福祉国家を『女性を犠牲にして、資本と男性の利益を保証する発達した資本主義国家の特徴的形態』(……)と捉えることも可能だろう。また、C. ペイトマンは、そうした特徴を有する福祉国家を『家父長的福祉国家』(……)と呼んでいる」(伊藤、1995：26)という理解である。しかし、それと同時に、「国家は家父長制的構造を増強するかもしれないが、同時にその家父長制的構造を変えるかもしれないし、また、いずれにしても国家への依存は『一段遠ざかった』家父長制であるといえるかもしれず、それゆえ、父であれ、兄弟であれ、叔父であれ、夫であれ、個々の男性への依存より望ましい」(Lewis, 1992b：4)とする考えがフェミニストの中にあることもまた事実なのである。そして、フェミニストの関心は、この福祉国家の持つ「人間解放の潜在力」をいかに顕在化していくかに向けられているのは当然であろう。それは、歴史的にはすでに女

性協同組合ギルドによって一世紀近くも前に主張されたように、女性が「政策の形成により全面的に参加できるようになる」(Land, 1983:83)ことが前提とされること、そして「家庭内外での女性の労働をほとんど評価しない我々の社会の経済的・社会的諸制度を問題にすると同時に、[今とは]極めて異なった政治構造を発展させること」(ibid.)が必要であることが理解されていたことからも裏づけられる。[7] こうした福祉国家の「人間解放の潜在力」の側面をより強く意識化して福祉国家のジェンダー分析を行ったのがスカンジナヴィアのフェミニストである。次項では、このスカンジナヴィアのフェミニストによる福祉国家のジェンダー分析を検討しておこう。

2) 福祉国家と女性との「もう一つの関係」分析
    ——スカンジナヴィアにおける福祉国家のジェンダー分析

> 「アングロ・アメリカンの研究においては、それ[福祉国家と女性の関係]は、家父長制……という言葉でしばしば描かれたが、スカンジナヴィアの社会科学者は、より頻繁に、それを同盟関係として、さらにはパートナーシップとして議論してきた」。
>
> (Leira, 1997:223)

ここでは、こうした福祉国家と女性との関係におけるスカンジナヴィア的特質を生み出すにいたった背景を、ヘルガ・ハーネス(Helga Hernes)の所説を中心に検討してみることにする。[8]

そのためには、まずスカンジナヴィア諸国[9]の特質として、「強力な農民諸政党が早くから発展してきたこと、また労働組合の組織化が高いことが、政治の社会に大きな影響力を有してきた」(Sipilä, 1997:4)ことを挙げなければならない。そして、「農民と工業労働者がとりわけ社会政策問題に社会勢力として関与し、経済的表現では極めて平等な、そして政

治的表現においては非常に民主的な社会を構築するためにともに働いてきた」(*ibid.*)ことの延長線上に、国家(中央政府レベル、地方政府レベルの両方を含む)の政策決定は、選挙で選出された議会やその他の政治的組織体のみでなく、コーポレイト(corporate)な諸団体(各種審議会や委員会など)もその影響力を行使できる仕組みを形成してきたのである。

こうした状況のもとで、女性は、政界への進出が男性よりも少なく、かつ集団としての地位も極めて低いことからコーポレイトな諸団体の中で権力を持つことも稀であったため、女性政策——女性のための福祉政策およびジェンダー不平等を解消するための政策——の決定において最小限の役割しか演じておらず、その文脈からすれば、スカンジナヴィア諸国の国家も女性に対する「後見人国家」と規定することができるとハーネスは考えている。

しかし、「後見人国家」は「家父長制的国家」として否定されるべきかという問いに対して、彼女は、1980年代の福祉国家の「危機」を念頭に置きながらその「女性にやさしい women-friendly」国家への転換の可能性を検討する。

神野が明らかにしているように、1980年代には、ブレトン・ウッズ体制が崩壊し、金融自由化のもとで、資本が国境を越えて自由に活動できる条件がますます拡大し、これまで相関関係が見出せなかった租税負担率と経済成長率との間に「租税負担率が低ければ、経済成長率が高くなるという関係」(神野、1998:41)が生まれるようになった。この文脈の中に福祉国家の「危機」も位置づけられることになるが、この「危機」をスカンジナヴィアのフェミニストは、福祉国家における女性の三つの地位、すなわち市民、福祉受給者、および国家の被用者という観点から考察した。まず、福祉国家と女性との関連については、従来家庭内で主として女性によって担われてきた子どもの躾や教育、病人や老人のケアという機能が公的部門に移されていくことによって、「女性の地位や収入や影響力は安定的な公的部門によって肯定的影響を受けるとともに、それに

依存するようになった」(Hernes, 1984:33)。それゆえ、「福祉国家の『危機』が財政的危機とみなされればみなされるほど、予算削減によってその危機を解決しようとする試みによって、女性は男性よりもずっと影響を受けるであろう」(ibid.:35, 下線原文イタリック、以下同様)ということになる。なぜなら、福祉国家の「危機」が「もっぱら政府の過剰負担の問題とみなされる場合に、諸サービスを家族や市場に移すこと——それは[国家の]被用者および福祉受給者としての女性に影響を与える過程であるが——によって問題を解決するならば」(ibid.)、女性は、国家の被用者としても、また福祉受給者という立場からも大きな影響を蒙るからである。しかし、こうした福祉国家の「危機」に正面から反撃していくのもまた女性である。なぜなら、「『危機』が[福祉国家の]正統性の危機とみなされればみなされるほど、問題解決者としての市場に反対するのと同じくらい国家を信頼し続けることができるのは、……女性」(ibid.)だからである。女性は、「制度としての市場が家族や国家と比べた場合、ほとんどの女性の生活においてより周辺的な役割」(ibid.)しか演じてこなかったことを理解しており、市場よりは国家に信頼を置いているからである。もちろん、このように福祉国家と女性の関係を捉えたからといって、そこに何の矛盾もないことを意味しないのはいうまでもない。それどころか、依然として解消されない女性の生活の現実の困難さが、「少なくとも、スカンジナヴィアの制度にあっては、労働者として女性を公的領域に引き出してきた公的消費や公的サービスの拡大が、必然的に再分配の範囲の拡大や社会サービスの改善を伴うものではなく、それが、主として母や主婦としての女性福祉受給者という考えに向けられ、またそれに依拠しているという事実の中に存在する」(ibid.)ことを自覚し、それを解決することをフェミニストの課題としているのである。

　問題なのは、「サービス部門での『仕事の創出』過程にせよ、あるいは福祉受給者化の過程にせよ、いずれも男性の工業生産への参加のように強力で統合化された組織のノルムを生み出してこなかった」(ibid.:36)こ

とであり、それによる政策決定過程への「影響力の欠如と無力」(*ibid.*)なのである。つまり、「コーポラティスト国家では、人の市民としての地位を決定し、それによって、福祉受給者としての地位を規定するのは、その人の職業上の地位なのであり」(*ibid.*:41)、まさに女性は、この「職業上の地位」においてコーポラティスト国家のネットワークに統合化されるような自己組織を持たず、したがって、「市民としての地位を獲得してくることなしに福祉受給者となってきた」(*ibid.*)のである。こうして、福祉国家と女性との関係で問題の基礎に横たわっているのは、女性の市民としての地位であり、「すべてはこうして権力的様相を呈している」(*ibid.*)と考えられるのである。

　「女性の後見人国家」から「女性にやさしい」福祉国家への転換は、これまでの行論から明らかなように、自らの生活を規定する政策決定に影響力を与えられるような「政治的アクターとしての女性」(*ibid.*:42)の成長にかかっている。この点の見通しに関しては、「女性を公的部門に引き入れてきた政策や経済発展は主として男性によって支配されてきたが、この同じ政策が女性の動員に貢献し、やがて彼女たちの市民としての地位に影響を与え、政治的権力を与えることになろう」(*ibid.*:45)として長期的パースペクティヴから肯定的に捉えられ、「その時に初めて政策の内容に対して彼女たちの影響力がはっきり認められるようになり、男性と女性の間の政治的優勢順位の差異もあらわになるであろう」(*ibid.*)と考えられている。もちろん、政治的アクターとしての参加が、コーポラティスト国家においては、前述のように、政党によって支配され法律で定められた選挙で選ばれる議会などの諸機関のみでなく、官僚や労働組合、経営者団体の三者構成によるコーポレイトな諸団体のレベル、そして個別問題に対応する政治的活動のレベルという三つの局面でのそれを含む以上、それら全てを視野に入れた参加が考えられていることは論を待たない。こうして、女性と福祉国家との間に「女性にやさしい」同盟関係が形成されることを、スカンジナヴィアのフェミニストは期待したのである。

第二章　フェミニスト比較福祉国家研究の進展

第1節　1990年代前半期におけるフェミニストの比較福祉国家研究——比較福祉国家研究における模索の時代

　1990年代に入ると、フェミニストによる福祉国家のジェンダー分析も、いわゆる主流の福祉国家研究における類型化論、とりわけエスピン=アンデルセンの三類型化論に触発されて、最終的には独自の比較福祉国家研究の枠組みを構築していく方向に向かった。もちろん、フェミニストの比較福祉国家研究は、単にエスピン=アンデルセンの類型化に対抗した独自の福祉国家類型の析出それ自体が課題とされるというよりは、男性＝稼得者／女性＝被扶養の家族世話係というジェンダー関係を克服し転換しうる契機をどこに見出しうるかという極めて戦略的な意図を秘めていた。いいかえれば、福祉国家の持つ「人間解放のための潜在力」の具体的有り様を把握するという観点から取組みがなされたのである。そのため、第一に、前章で見たように、1980年代に深められた福祉国家のジェンダー分析の成果に依拠しながら、とりわけエスピン=アンデルセンの福祉国家類型化論がいかに福祉国家の影響力のジェンダー差を無視して組み立てられているかをその分析概念にまで立ち入って批判すること[1]、第二に、フェミニスト独自の比較福祉国家研究に必要とされる座標

軸を見出し独自の比較福祉国家研究を行うことが課題とされた。

1）「権力資源」学派の福祉国家類型論の批判的摂取

　1990年に出版されたエスピン=アンデルセンの『福祉資本主義の三つの世界 *The Three Worlds of Welfare Capitalism*』は、ジェンダー関係に全く配慮していないにもかかわらず、その後のフェミニストの比較福祉国家研究に多大な影響を与えた。というのも、彼は、産業化や経済成長と関連させて福祉国家の発展を位置づけたウィレンスキー(H. L. Wilensky)などの手法と異なり、市民の資格としての社会権の有り様といういわば福祉国家の質的側面に着目して福祉国家の類型化を行うとともに、そうした類型化をもたらす要因として権力関係に注目したからである。この視点は、フェミニストにとって、まさに「国家の社会的施策とジェンダー関係との関連を理解する上で抜群の重要性」(Orloff, 1993:306)を持ったものとして位置づけられたからである。

　周知のように、エスピン=アンデルセンは、権力構造の特質に依拠して、自由主義的、保守主義的・コーポラティスト的、社会民主主義的という三つの福祉国家体制(welfare state regimes)を析出し、これら各体制が「階層化」状況や社会権の有り様、そして「脱商品化 decommodification」能力において別様の存在として把握できることを示した(Esping-Andersen, 1990；岡沢・宮本監訳、2001)。しかし、彼の類型化論は、すでに1980年代においてフェミニストが問題視していた福祉国家の影響力の男女差や両性間での福祉制度の不平等などを視野に入れて構築されたものではなかった[2]。したがって、フェミニストは、一方では、彼の類型化に依拠しながらもジェンダー関係を視野に入れるかたちでそれを豊富化したり、他方で全く独自の指標を用いて新たな類型化を提示するなど、各国のジェンダー関係の特質やその変容の有り様などを可視化させるために模索した。最終的にはフェミニスト独自の類型化枠組みの提示とそれによる比較福祉国家研究に結実するにしても、その過程では、以下のような独

自の作業が追及された。

　第一には、エスピン=アンデルセンのとりわけ「脱商品化」概念のジェンダー視点欠如に対する批判と、それに代わる新たな概念の提示が試みられた。というのも、もともと家族世話係としての女性にとって「脱商品化」それ自体が福祉国家が持つ「人間解放の潜在力」として当てはまらないばかりか、「脱商品化」は、女性が福祉国家の中で「私的な依存から公的な依存へ転換」(Bussemaker and Kersbergen, 1994:24) させられていることも見失わされてしまうという事態を引き起こすことになるからである。したがって、「脱商品化」そのものがジェンダー化された概念であることが指摘され、「脱商品化」に代わって「個人の自律 personal autonomy」や「自立 independence」が有効な指標として提示され、それらを「個々人、国家、家族および市場の間で[雇用]労働とケア、権利とニーズのパターンの変化」(*ibid.*) として分析することの必要性が主張された。こうした、ケアワークの有り様をも含んだ分析枠組みは、後に詳しく見るセインズベリの福祉国家の比較研究に受け継がれていくことになる。

　第二には、エスピン=アンデルセンの類型化を念頭に置きながら、そこに女性の置かれた地位を浮かび上がらせるような指標を加味して類型化を目指す試みが挙げられる。1990年代前半において、それが成功した試みの一つはアラン・シーロフ (Alan Siaroff) のそれであろう。彼は、OECDやILOなどの統計資料に基づき、「女性の労働願望度」、「家族福祉重視度」、および家族給付がどちらの親に支給されるか、を指標としてOECD加盟国23カ国を類型化した (Siaroff, 1994)。「女性の労働願望度」とは、男女賃金格差、女性の管理職への進出の程度、男女の失業率の差異、中等教育以上の教育を受けている女性の数などをもとに点数化して示したものであり、女性自身が働くことを魅力あるものと位置づけ、そのインセンティヴもどの程度社会的に存在するかという度合いを示すものである。したがって、「女性の労働願望度」とは、一部の研究者がそう訳しているように、単に男性と比較した場合における女性の労働条件の良否

をあらわす「女性の労働条件の良好度」を示すだけではなく、女性の「労働に対するインセンティヴ」を測るために用いられていることに注意すべきであり、その意味で、彼の試みにおける新しさを示す指標ともなっている。次に、「家族福祉重視度」に関しては、社会保障支出や家族政策関連支出の対GDP比、ウィレンスキーによる出産・育児休暇や公的保育の国別ランキングづけなどから点数化している。これらの指標については、たとえば家族福祉重視度に関してみれば、大沢が指摘するように「家族政策の総支出もいくつかの家族政策手段の特徴も、直ちにジェンダー間不平等の減少という成果と同一視できないことは明らか」(大沢、1995: 97)である。しかし、何よりもこの数量的指標の持つ問題性は、これらの指標の基礎にある家族政策が従来のジェンダー関係の変容・変革にどのように作用しているかを知る手がかりとはならないところにある。これに対して、家族給付がどちらの親に支払われるかという指標は、後にセインズベリらにより内容的にさらに精緻化されていくことになる画期的な指標である[3]。というのも、主として女性が担うアンペイド・ワークのうちの子育てやケアに対する家族給付がたとえば女性に支払われることは、一方では家族内の性別分業を固定化する機能を持つという危険性を孕みながらも、他方では、女性の経済的自立にとって大きな役割を果たすものとして期待されうるからである。この点に関しては、後節で詳しく展開されよう。

　こうした指標を用いた福祉国家の類型化は、結果としてエスピン=アンデルセンの三つの型に対応することになるが、しかし、そこには幾つかの独自性も見出される。すなわち、第一に、「女性の労働願望度」というエスピン=アンデルセンにはない指標から導き出されたことは、それがカトリックやプロテスタントの「倫理」と対応関係を有しているという発見であり、プロテスタントやカトリックのイデオロギーが女性のペイド・ワークのためのインセンティヴないしその反対物として作用しているということである。そこから、「プロテスタントの社会民主主義的福

祉国家」、「プロテスタントの自由主義的福祉国家」、「先進カトリック民主主義的福祉国家」という、エスピン=アンデルセンの類型化に新味を加えた類型化を可能としたことである。第二に、上記三つの類型におさまりきれない日本ならびにスイスに関しては、これらの国における女性に対する参政権付与が第二次世界大戦後と先進国の中では相対的に遅れていることに着目し、「遅れて女性が動員された福祉国家」という新たな類型を提示したことである。この点は、スカンジナヴィアのフェミニストの研究にふれた第一章で言及しておいたように、多様な政策決定レベルでの女性の参加や、集団としての女性の組織の有り様がジェンダー関係の変容・変革にとって重要な意味を持つことを考慮すれば、また、現在強調されている男女共同参画社会の実現という観点からすれば、有意義な指摘とみなすことができよう。

2) フェミニスト独自の比較福祉国家研究の開始

フェミニストによる比較福祉国家研究は、前項で見たエスピン=アンデルセンの研究の批判的摂取と同時に、他方では、歴史研究から各国の福祉国家の特色を浮き彫りにする作業を通して、また、独自の類型を創り出す試みを通して展開された。

歴史研究に関しては、1991年に、スィーダ・スコチポール (Theda Skocpol) とグレッチェン・リッター (Gretchen Ritter) が1880年代から1920年代におけるイギリスとアメリカの福祉国家形成期の差異をジェンダー視点から検討し、イギリスが男性労働者およびその扶養家族中心だと解された老齢年金や社会保険などのいわば父権主義的 (paternalistic) 政策によって特徴づけられるのに対し、アメリカは主として母親ないし将来母親となる労働者に対する施策を中心としたいわゆる母性主義的 (maternalistic) 政策によって特徴づけられるという結論を引き出した (Skocpol and Ritter, 1991)。そして、こうした差異を生み出した要因を、第一に、イギリスにおける男性稼得者による家族賃金イデオロギー、他

方、アメリカにおける家庭的であり母親であるという男性とは異なった女性の領分というイデオロギー、という二つの異なったイデオロギーの影響力に求めている。第二の要因としては、イギリスでは、官僚、および組織された労働組合の支持を獲得するために張り合っていた政党によって政策が編み出されたのに対して、アメリカでは、高等教育を受けた女性社会改良家や上流階級の既婚女性の運動によってそれが形成された、という政策形成主体の差異を挙げている。[4]

しかし、こうしたあまりにも鮮やかな両国の対比は、たとえばイギリスの社会政策が持つ父権主義的性格を強調するあまり、それらの政策が「ジェンダーにかかわらず、一般的に労働者に適用される」(Skocpol and Ritter, 1991:92) という誤った結論を導き出すばかりでなく、[5]フェミニスト比較福祉国家研究の本来の意義、すなわち上述の類型化がどの程度旧来のジェンダー関係の再生産や変容あるいはその変革に関連しているのかという関心に応えられないという結果を招いている。

こうした歴史研究からの比較福祉国家研究とならんで、新たな試みも展開された。すでに見たように、フェミニストが批判してきたのは、男性＝稼得者／女性＝被扶養の家族世話係というジェンダー関係を基礎として形成された社会政策が、一方で、とりわけ家庭内のアンペイド・ワークを担っている既婚女性の社会的受給権を夫の拠出を介してもたらすことによって、他方で、ペイド・ワークに就いている既婚女性については、夫の被扶養者という地位を根拠にして男性と異なった原理で社会的給付を裁定したり低水準の給付を行ったりすることによって、全体として女性を二流の地位におとしめてきたことであった。こうしたフェミニストの批判から容易に導き出されることは、この「男性稼得者モデル」を基準にして、各国がどの程度そこから離れているかを測定することによって比較することであろう。ジェイン・ルイスは、この「男性稼得者モデル」を用いて福祉国家の類型化を行い、「強度の男性稼得者国家」(アイルランド、イギリス)、「修正された男性稼得者国家」(フランス)、および

「低度の男性稼得者国家」(スウェーデン)という三類型を析出した[6] (Lewis, 1992a)。この作業は、「ペイド・ワークとアンペイド・ワークと福祉との関係」(Lewis, 1992a: 160) を見るためになされたものであったが、しかし、この類型化は、そのままジェンダー関係の変容の程度に正確に対応していないところに問題がある。たとえば、ジェイン・ルイス自身が述べているように、男性稼得者モデルからは遠い所に位置するスウェーデンでは、「女性が労働市場に参入することを『強制されて』きたが、しかし、彼女たちは、アンペイドのケアワークに対する責任を保持しており、他方、男性の態度は変化してこなかった」(*ibid.*: 169) のである。まさに、求められているのは、旧来のジェンダー関係の変容の程度を浮かび上がらせるような比較研究の枠組みの提示なのである。

第2節　フェミニスト比較福祉国家研究の進展
——ジェンダー関係の戦略的転換を目指して

　フェミニストの比較福祉国家研究をリードしてきたダイアン・セインズベリ (Diane Sainsbury) は、20世紀におけるフェミニストの福祉国家研究に対する貢献を、以下の五点に要約した。

　すなわち、第一に、女性および福祉国家と女性との関係に焦点を当てることによって、福祉国家研究にジェンダーを取り込んだこと、第二に、社会制度や社会権がいかにジェンダー化されているかを検討したこと、第三に、これまで福祉国家研究において用いられてきた概念がいかにジェンダー化されていたかを明らかにしたこと、第四に、主流の研究が福祉国家と工業化の関係に着目したのに対して、フェミニストの研究は家族と国家と市場との相互関係を強調するとともに、公的領域＝国家・市民社会／私的領域＝家族と捉えることによって、福祉国家における従来の家族機能の社会化の様相を浮き彫りにしたこと、第五に、福祉国家の分配機能が男女間でいかに異なって作用するかを明らかにしたことである (Sainsbury, 2001)。

セインズベリが整理したこれら五つの点をより具体的に捉えなおせば、第一に、福祉国家が前提としてきた男性＝稼得者／女性＝被扶養の家族世話係というジェンダー関係に着目し、それが福祉国家の社会権(social rights)におけるジェンダー間格差の規定的要因をなしていることを指摘したことである。第二の成果は、これまでの福祉国家研究、とりわけ収斂理論に代表されるような研究が福祉国家を経済の工業化や近代化への機能的対応と捉えるのに対して、家族・市場・国家の連環において捉える視点を提示し、とりわけ家族の福祉機能と国家との関連で福祉国家を把握しようとしたことである。これを契機として、女性＝被扶養の家族世話係という役割を前提にして主として女性に課されてきたアンペイドのケアワークがいかに社会化されてきたか、それが従来のジェンダー関係にどのように作用しているか、あるいはそれが女性の自立とどう結びついているかなどを問う福祉国家研究が急速に進展するようになってきている。第三に、比較福祉国家研究にジェンダーを組み込み独自の分析枠組みを構築することによって、1990年代後半以降に以下のような成果を生み出してきていることである。つまり、一方では、これまでエスピン＝アンデルセンの類型化論では可視化されなかった、たとえば同一福祉国家体制内におけるジェンダー関係の変容や女性の自立の有り様における差異を浮かび上がらせることに成功したことである。[7]他方で、男女がともに稼得者であり、かつ家族世話係を担うという新しいジェンダー関係を想定し、それを男性稼得者／女性＝被扶養の家族世話係という従来のジェンダー関係の対極にあるモデルとして位置づけることによって、この新しいジェンダー関係を生み出しうる福祉国家の諸制度の有り様から類型化を試みていることである。これは、まさに、フェミニストの比較福祉国家研究が、これまでのジェンダー関係の変革をいかにして実現するかという極めて実践的視点から試みられていることを示すものである。以下で、こうした視角からの比較福祉国家研究の発展を、セインズベリの研究を跡づけながら見ることにしよう。

1) 男性稼得者タイプを基準にした類型化

　福祉国家における女性の地位を浮かび上がらせる上で最も重要な指標の一つとしてセインズベリが着目したのは、女性の社会的市民権が何に由来するかであった。そして、それぞれの受給権が持つ特色を以下のように整理した。第一に、労働市場での地位に基づく受給資格は、ペイド・ワークを特別視し、労働市場以外の労働に価値を認めないこと、第二に、ミーンズ・テスト付きのニーズに基づく受給資格は、家族を給付の単位とすることによって既婚女性には不利に働くこと、第三に、市民権や居住権を基礎にした受給資格は、社会権に対する婚姻の影響を中立化し、男女間に差異を生み出さず、脱家族化を促進するとともに、社会政策を貫いている旧来のジェンダー関係を変えていくことができること、第四に、母親の地位に基づく給付がすべての母親に受給資格を与える場合には、扶養原理を掘り崩す可能性を持つし、家族関係の如何にかかわらず一定のまともな生活を保障する限り脱家族化の可能性を有することである(Sainsbury, 1996)。こうした分析結果を踏まえて、「……女性の介護者モデルは、単に伝統的な性別分業を永続化させることには必ずしもならず、公私の境界を変更するようなケア原則に基づく政策は、社会政策の個人モデルへ向けての展開において一つの足がかりとしての役割を果たすことができる」(Sainsbury, 1996:74)と考えた。しかし、この段階では、個人型モデルにおけるジェンダー関係の具体的有り様については、そこでの夫・妻関係が従来のジェンダー関係とどのように異なるのかについては言及されておらず、したがって、それによる類型化も具体的になされなかった。こうして、男性稼得者タイプの対極にある個人型タイプにおけるジェンダー関係の具体化が次の課題となった。

2) ジェンダー・ポリシー体制(gender policy regimes)による類型化
　　——**男性稼得者**(male breadwinner)、**別個のジェンダー役割**(separate gender roles)、**各人稼得者＝家族世話係**(individual earner-carer)**という三つの体制**

　前項からも明らかなように、女性の社会的市民権に関するセインズベ

リの考察は、男女の性別分業を認め、女性の家族世話係としての固有の役割に対して(たとえば、母親として、あるいは娘として)受給権を付与することによってその役割を永続化するような諸制度をも結果として評価するという問題性を含んでいた。したがって、前述のように、個人型タイプがいかなるジェンダー関係を表現しているかを示すことが必要とされたわけである。そこで、セインズベリは、男女が家族責任を共同分担しあう新しいジェンダー関係の表現として、そこでのジェンダー関係が曖昧な個人型タイプに代えて各人稼得者＝家族世話係体制を、旧来のジェンダー役割分業に基づく男性稼得者体制の対極にあるものと位置づけた。そして、たとえばケアに対して支払われる給付も、それが家族世話係としての女性のみに支給される場合には従来のような「楽観的」評価を与えず、女性の役割を固定化・永続化するものとして、性別を問わず支給される同様の普遍的な給付と明確に区別したのである。こうして、女性の役割を固定化・永続化するようなジェンダー・ポリシー体制は、新しいジェンダー関係を表現する各人稼得者＝家族世話係体制とは明確に異なることを示したのである。

　こうした三つのジェンダー・ポリシー体制に関しては、そこでのシチズンシップ(citizenship)ないし居住権に基づく受給資格と、ケアワークに対する国家の強い関与や家庭内外における介護者に対する多様な形態での給付が、個人別税制や雇用平等政策と相俟って女性の自立を保証するとともに、たとえば男女の介護者への多様な形態での給付が、逆に各人稼得者＝家族世話係というジェンダー関係を強化・発展させるものでもあると、セインズベリは考えた(Sainsbury, 1999)。

　したがって、ここでは、析出されたジェンダー・ポリシー体制は、一方で受給資格などの属性の特質を規定すると同時に、他方ではその体制によって当該ジェンダー関係が強化されるという具合に、動態的・相互規定的に捉えられていることがわかる。[8]こうした分析枠組みは、たとえば女性にやさしい福祉国家構築に求められる諸要件を明らかにする上で

極めて重要な示唆を与えてくれる。しかしながら、後に第六章で詳しく見るように、男性＝稼得者／女性＝被扶養の家族世話係というジェンダー関係の転換が行われていない状況のもとにおいても、ケアワークの一部が公的領域に移行するとともに、たとえば稼得者としての男性に対する所得喪失補償として支給されていた障害者介護手当がケアワークの遂行を当然視されていた妻としての女性にも支給が拡大され、さらには同手当が家族関係の範囲をこえた介護者に支給されるなど、現実は、必ずしもある特定の受給資格がそれに対応するジェンダー関係を強化する方向に作用したり、あるいはあるジェンダー関係がある特定の受給資格とのみ対応しているわけでもないことに注意しなければならない。

　その意味で、こうした分析枠組みを基礎にしながら解明されなければならない課題は、新しいジェンダー関係を基礎にしたジェンダー・ポリシー体制がいかなるプロセスを経て形成されうるかを明らかにすることである。本書は、男性＝稼得者／女性＝被扶養の家族世話係という旧来のジェンダー関係の転換が今日までいかに進展してきたかを、比較福祉国家の枠組みを用いながら明らかにすることを課題としている。

第二部
女性労働政策から見た新しいジェンダー関係
構築に関する分析視角

第三章　女性労働政策の新しい分析視角

第1節　新しいジェンダー関係構築と国連・ILOの動向

　第二次世界大戦後の福祉国家体制のもとで、各国の社会保障制度は、それまでの制度的特色を受け継ぐ形で多かれ少なかれ労働市場における労働者としての地位と結びつけてその受給権を編成ないし再編成した。序章で見たように、無拠出原理に基づくオーストラリアの諸制度においてさえ、この点は共通していた。そして、そこで想定されていた労働者とは、これまで繰り返し述べてきたように、家庭内の主要な稼得者として妻子の扶養に責任を有する、典型的には成人男性労働者であった。

　このジェンダー関係のもとで、既婚女性、とりわけ無業の妻の受給権は配偶者の妻として婚姻から派生する権利(derived rights)と位置づけられた。しかし、この婚姻から派生する権利は、男性＝稼得者／女性＝被扶養の家族世話係というジェンダー関係における女性の「被扶養」の側面から主として導き出されたものであり、女性が担うアンペイド・ワークと意識的に結びつけて付与されたものであったとはいえない。そのため、このジェンダー関係の上に成り立っていた社会保障制度は、離婚や事実婚などに対して女性の受給権の脆さを多かれ少なかれ内包するものであ

った。その上、このジェンダー関係は、すでに序章で明らかにしたように、往々にして有業の既婚女性に対する受給権の差別的取扱いをも結果した。こうして、男性＝稼得者／女性＝被扶養の家族世話係モデルに基づく社会保障制度は、女性の受給権に不確実性を与え、福祉国家体制のもとで女性の貧困を生み出す重要な要因の一つをなしたのである。

　こうした福祉国家体制のもとで、とりわけ1960年代以降女性の労働市場への進出が顕著な傾向となり、わけても既婚女性の雇用労働者化が一段と進むようになる1970年代には、このようなジェンダー関係に対する異議申立ては、一方では雇用におけるジェンダー不平等に対して、他方では社会保障制度における不平等取扱いに対して向けられた。

　1960年代にアメリカで開始され、とりわけ1970年代以降主要な先進国で展開された福祉国家に対するフェミニズムからの種々の挑戦は、「『第三世界』諸国の代表者たち」（ウィットワース、2000：220）の支援を受けて、1970年代半ばには雇用・社会保障領域を中心とするあらゆる分野での差別に反対する新たな動きとして国際的に集約されていき、1975年の「国際女性(婦人)年」に象徴されるように国連のアジェンダに盛り込まれるとともに、ILOその他の国際機関にも従来の諸政策の見直しを迫ることになった。

　こうして、1970年代後半以降、福祉国家が前提としてきたこれまでのジェンダー関係の変更は、いわば国際的課題として位置づけられるとともに、そのための戦略も国際的に構想されることになり、各国は、国連やILOが打ち出した原則や政策に大きく規定されることになった。[2]以下では、主としてILOの女性労働をめぐる社会政策が、いかに旧来のジェンダー関係の変更を目指すように転換されるに至ったかを明らかにする。

第2節　新しいジェンダー関係構築を目指すILOの戦略

「国際女性年を国連が制定することをめざす諸活動の一部としてILOは、女性労働者の機会と待遇の平等に関する一つの宣言と二つの決議を採択した」。　　　（ウィットワース、2000：220）

　ILOにおけるジェンダー関係の理解の発展を先駆的に研究したサンドラ・ウィットワース(Sandra Whitworth)が指摘するこの1975年の「宣言」と「決議」を契機としてILOの政策転換が進むことになるが、これらにはその後の政策の方向性を決定づける重要な内容が含まれていた。その一つは、「宣言」における男女平等への「過渡的期間において、両性間の実効性ある平等を目指してなされる積極的かつ特別な待遇は差別とみなすべきではない」[3](引用者訳)というものであり、二つめは、「女性に適用されるあらゆる保護立法を最新の科学的知見や技術進歩に照らして検討すること、そして各国の事情に応じてそうした立法を修正、補足、すべての労働者への適用拡大、維持あるいは廃止すること」(「決議」、引用者訳)であった(ILO, 1998b:1)。前者は、いわゆる積極的是正措置としてのアファーマティヴ・アクションないしポジティヴ・アクションの是認であり、後者はいわゆる女性に対する保護立法の見直しであった[4]。
　こうした方向に沿って女性労働者に対するILOの社会政策の転換が開始されることになるが、その後の新たな方向性をさらに根底から規定したのは1981年のILO「家族責任を有する労働者」に関する156号条約および165号勧告であった。というのも、そこには、従来の男性＝稼得者／女性＝被扶養の家族世話係というジェンダー関係の変更が意図されていたからであり、しかもそれがジェンダー平等実現のために不可欠の条件として明確に位置づけられていたからである。
　「社会と家族の中における男性の伝統的役割の変化が、女性の役割の

変化と同様に男女間の完全な平等を達成するために必要とされている」(1979年の国連女子差別撤廃条約前文、引用者訳)という認識に基づいて、新たな視点から提起されたのが上述のILO156号条約と165号勧告だったのである。その新しさは、1965年の「家族責任を有する女性の雇用」に関するILO123号勧告と比較してみれば容易に理解されよう。すなわち、123号勧告においては、女性の家族・仕事に対する責任の調和が問題とされるとともに、家族責任を有する女性の問題が単に女性だけではなく「家族および社会の問題」(123号勧告前文)と位置づけられてはいたが、そこでは、男性の家族責任に関しては全く言及されていなかったからである。言い換えれば、この段階では、女性＝家族世話係が自明のこととされていたのである。その意味で、この前提を覆した156号条約および165号勧告はILOにとって画期的だったといえるのである。

　その背景には、すでに1950年代には雇用機会や平等待遇について必要とされる原則が「同一価値労働に対する男女同一賃金」に関するILO100号条約(1951年)や「雇用および職業における差別禁止」に関するILO111号条約(1958年)として具体化されてきたにもかかわらず、1970年代に至ってもなお根強く存在する男女の賃金格差やその主要な原因の一つをなすジェンダー間職業分離・職務分離、そしてM字型就労パターンをもたらす女性の雇用の中断など、ジェンダー不平等の解消が遅々として進まない現実が存在していた。

　こうした現実に対してILOが新たに打ち出した戦略の基礎に置かれたのが「家族に対する男女労働者の共同責任」だったのである。この文脈からすれば、156号条約は、その前文で述べられているように、一方では、「[111号条約が]家族責任に基づいてなされる差別を明示的にカバーしておらず……この点で補足的な基準が必要とされる」(引用者訳)という意味で雇用に関するあらゆる差別を禁止するという従来のILOの政策の延長戦上に位置づけられる側面を持ちながらも、その本来的課題は、まさに新しいジェンダー関係に基づいてILOの政策を再構築していくという

ことであり、その後の具体的方向を示したのが165号勧告だったといいうるのである。

　ところで、この165号勧告は、後に「パートタイム労働」に関するILO175号条約(1994年)や「在宅形態の労働」に関するILO177号条約(1996年)に結実する内容を含むとともに、「家族に対する男女の共同責任」を実質的に支えるための具体的諸施策を詳細に列挙している。たとえば、それらの中には、労働条件の一般的改善としての労働時間・残業時間の短縮(パラグラフ18(a))や転勤の際の配慮(パラグラフ20)などと並んで、出産に続く育児休暇を親休暇として両親のどちらかに認めること(パラグラフ22(1))、子どもや他の親族のための介護休暇を男性であれ女性であれ家族責任を有する労働者に認めること(パラグラフ23(1)および(2))、ホームヘルプサービスや家族介護サービスを充実させ、一定の質的水準を保証するとともに規制・監督することなど(パラグラフ25および26)、さらに公共交通手段から家事労働節約型住宅に至る広範囲に及ぶ具体策を見れば、旧来のジェンダー関係の変更がまさに社会構造そのものの変更と一体化されて捉えられていることがわかろう。

第四章　M字型就労サイクル脱却から見た比較福祉国家研究

第1節　女性のM字型就労サイクル脱却と福祉国家
　　　　——国家主導型／企業主導型のM字型就労サイクル脱却

　第二次世界大戦後、先進国の相対的に長く続いた経済成長を担った新たな労働力の二大勢力は移民労働者と女性である。とりわけ、女性に関しては、ドイツやオランダなど一部の国を除いて、いわゆる平時においてはじめて大量の既婚女性の労働市場への顕著な参加が見られるようになるほどその労働力化の広がりは著しかった。就労している職業や職務上の地位あるいは賃金などに関して依然として男女労働者間の差異は歴然としているものの、この過程で、ようやく70年代後半以降、多くの先進国では、20歳代後半から30歳代前半にかけて出産・育児期のために就業率が下がるという独得のM字型を描いてきた女性の年齢別就業率が男性と同様の軌跡を描き始め、徐々に逆U字型に移行するようになった。このM字型カーブは、「家族責任の性別分業を前提に、ひとびとの意識のなかでも、社会のしくみとしても『女性の働き方』『男性の働き方』が対になって強いられていること」(大森、1990：244)を象徴的に示すものとして、あるいは、資本主義発展の「成果と恩恵が、公正かつ均等な労働分

配率によって、労働力の四割強を占める女子労働者に職業継承しうる形で還元されていないという差別的非公正的な社会」(柴山、1995:163)を示すものとして理解されるなど、その含意をめぐっては論者により強調点の置き方が異なる。しかし、いずれにおいても、それが、現代社会、とりわけ先進資本主義社会における男性労働と比較した場合における女性労働の社会的発展の程度を示す一つの指標とみなされていることは共通している。今日における、「女性が、出産と育児のために仕事から離れる時期がより短くなることを伴いながら、自らの生産的年限のより多くを労働力として過ごす」(ILO, 1998a:1)という顕著な傾向が、国連やILOなどの男女間での機会の均等と平等待遇原則を実現するという明確な意図、しかもすでに第三章で見てきたように、旧来のジェンダー関係を変革することを通してそれらを実現するという明確な意図と結びついた各国の取組みの中で実現されてきたことを考えれば、M字型就労サイクルからの脱却は、労働におけるジェンダー平等化の努力、しかも旧来のジェンダー関係の変革をも射程に入れたジェンダー平等化の努力に対する成果の一つの現れとみなすことができよう。本章では、M字型就労サイクルをこのように男性稼得者／女性＝被扶養の家族世話係という旧来のジェンダー関係の変革をも含意したジェンダー平等に係わらせて捉える視点から、各国がいかなるジェンダー平等策を採用することによってM字型脱却を図ってきたかを明らかにすることを通して、日本の問題性を浮かび上がらせるための新たな枠組みを提示するとともに、それに基づいて比較福祉国家研究を試みることにする。

　まず、M字型から脱却した時期により主要先進国をグループ化すれば、第一のグループとして、70年代後半から80年代の前半までに真っ先にM字型から脱却したスウェーデン、フィンランド、ノルウェーなどの北欧諸国とフランス、第二のグループとして、80年代後半から90年代の前半において脱却したアメリカ、カナダ、イギリスに分けられる。M字型からの脱却期の女性の就業率を見ると、フランスを除いて、ほぼ60％台後

表4-1　主要国におけるM字型就労パターン脱却時の女性の就業率

M字型脱却国								
第一グループ	フィンランド	1977	1978	第二グループ	アメリカ	1988	1989
		68.2	67.9			68.4	69.5
	ノルウェー	1982	1983		カナダ	1989	1990
		65.2	67.9			68.5	69.2
	スウェーデン	1980	1981		イギリス	1993	1994
		75.8	77.0			67.9	68.0
	フランス	1980	1981				
		56.0	55.9				
M字型継続国								
	日本	1996					
		62.8					

出典）OECD, *Labour Force Statistics 1976-1996*, Geneve, 1997より作成。

半から70％後半に達している(表4-1参照)。これに対して、日本においては、「はたらく女性――新しい社会システムを求めて」という副題を持つ『平成九年版 国民生活白書』が指摘しているように、「国際的に見ると、各国とも20歳代後半以上の女性労働力率の上昇が特徴的である。それにより、M字カーブはほとんどの国で消失し、日本は残っている数少ない先進国の一つ」(26頁)となり、1996年段階で女性の就業率は62.8％となっているにもかかわらず、またMのボトムは従来の20歳代後半から30歳代前半に移動しながらも、女性の年齢別就業率は依然としてM字型カーブを維持し続けている。他方で、既婚女性が働くことが極めて稀で、20～24歳層をピークにその後急激に労働力率が低下するという鋭い山型の就業率を描いてきたスペイン、イタリアなどの南欧カトリック諸国も、90年代に入りめざましい中高年層の労働力率の上昇を見せ、幅の狭い逆U字型就業率に移行しつつある(図4-1参照)。

ところで、こうしたM字型脱却の時期に着目してなされたグループ化を、労働と福祉におけるジェンダー平等という視点から福祉国家を類型

化するという新たな試みを行ったシーロフの分析結果と対比してみると、日本の女性労働をめぐる社会政策や福祉の諸状況を考える上でいくつか重要な示唆を得ることができる(なお、彼の類型化のための作業やその方法における問題性についてはすでに第二章で指摘しているので、ここでは繰り返さない)。すなわち、70年代末から80年代初めにかけてM字型を脱却した北欧諸国は、プロテスタントの社会民主主義的福祉国家と分類されており、「女性に対して真に『労働と福祉の間での選択権』を提供している唯一の国」(Siaroff, 1994:95)として位置づけられている。他方、彼は、フランスに関しては、「女性が働くインセンティヴではなく、(むしろ)働かずに家庭にとどまるための強いインセンティヴが存在する」(*ibid.*: 96)国として、オーストリア、ドイツ(カトリックとプロテスタントの混在)、ベルギーなどとともに先進カトリック民主主義的福祉国家として位置づけており、北欧諸国とは異なった類型とみなしている。しかし、女性のM字型就労サイクルからの脱却の時期に着目したときに、フランスが北欧と同じグループに含まれるということは、そこにはジェンダー平等化のための共通項が存在するということであり、それを浮き彫りにするのがここでの課題の一つでもある。

また、80年代末から90年代前半までにM字型を脱却したアメリカ、カナダ、イギリスは、シーロフによれば、プロテスタントの自由主義的福祉国家として分類され、「最低限の家族福祉だが労働市場では相対的に平等主義的なジェンダー状況のある国」(*ibid.*:95)とされた。

ところで、労働市場のジェンダー平等を示す指標として彼が用いた項目のうち、男女の賃金格差と女性の管理職の割合などを点数化した「女性の労働願望度」は、当該社会における労働市場での女性労働の評価を示す尺度となりうるがゆえに、そのスコア化による各国の順位づけは一定の有効性を持ちうるであろう。その点で、シーロフの労働市場におけるジェンダー平等を示すスコアから、ジェンダー平等の順位が高い国がM字型からの脱却も相対的に早く実現しているという対応関係を見出す

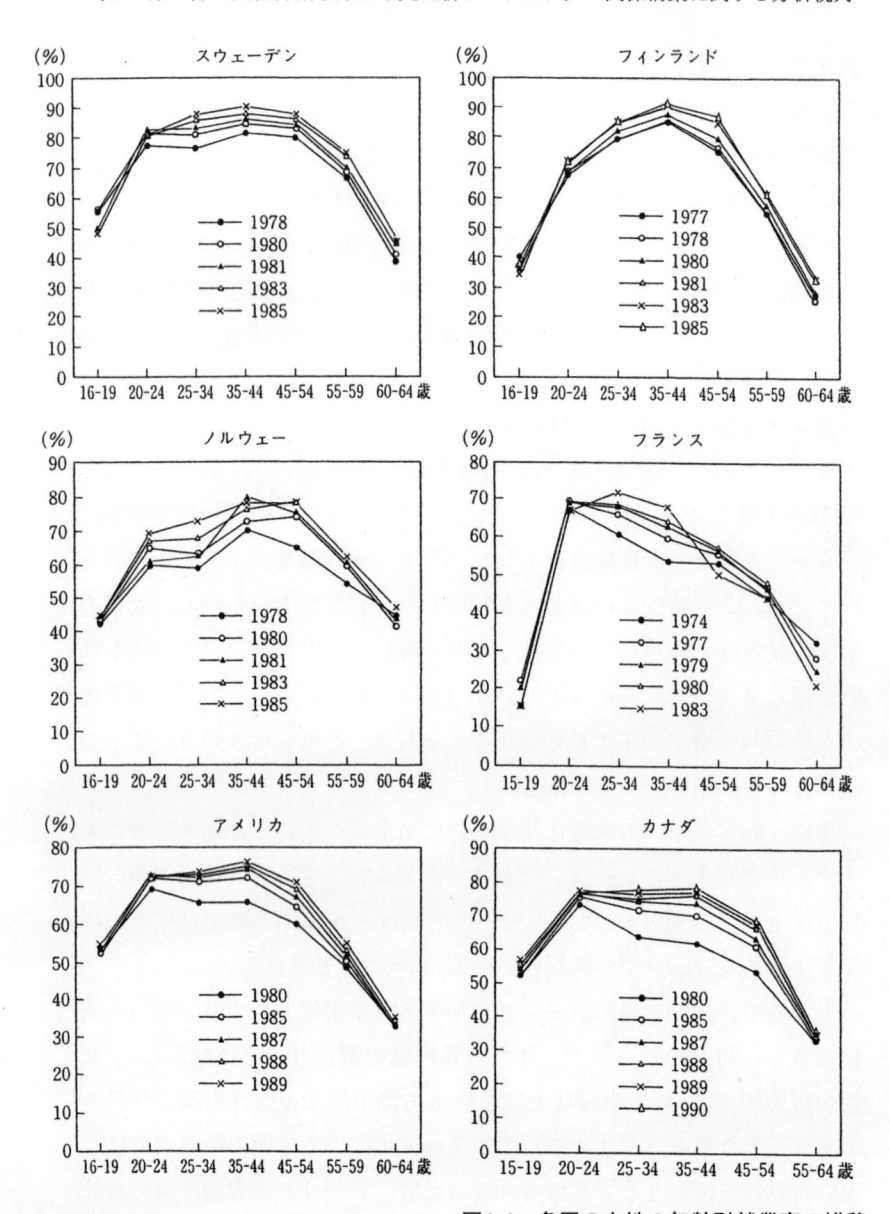

48 第二部 女性労働政策から見た新しいジェンダー関係構築に関する分析視角

図4-1 各国の女性の年齢別就業率の推移

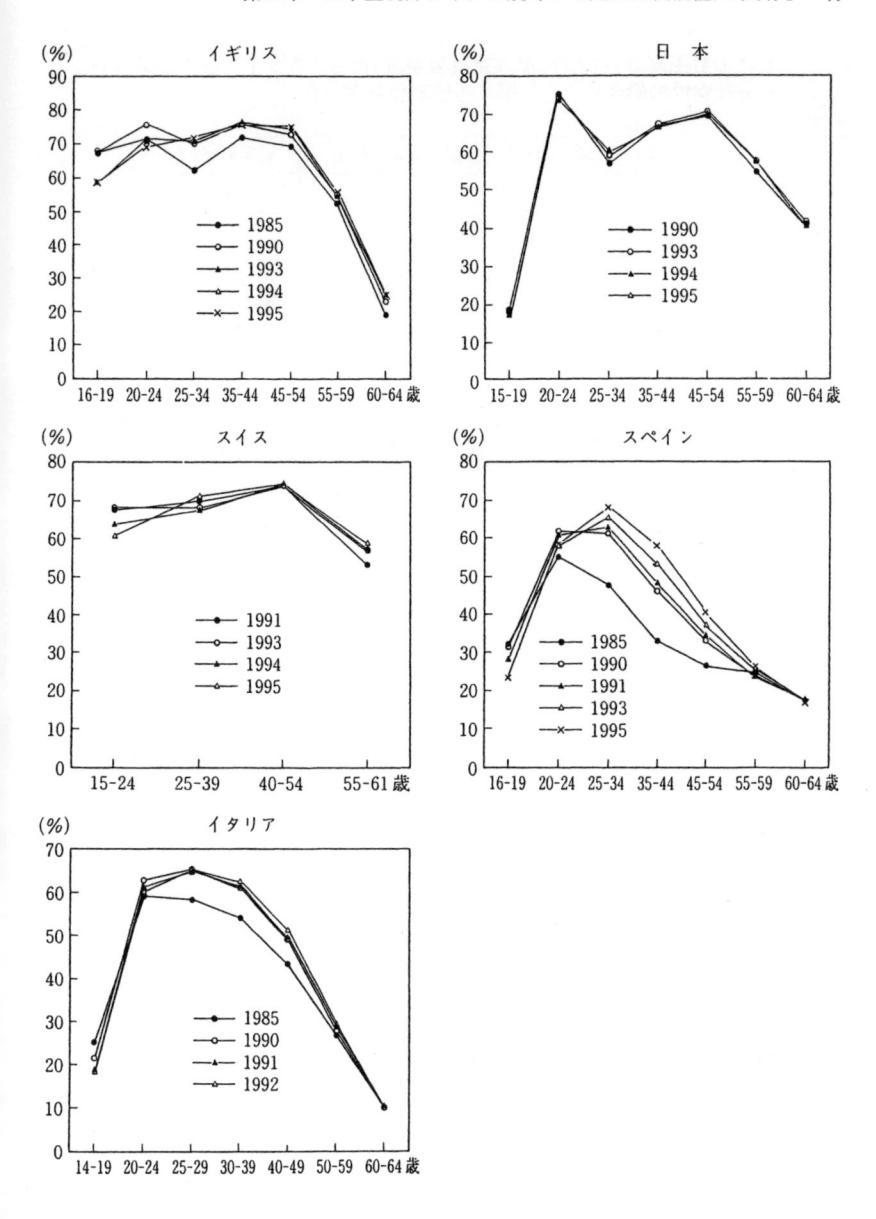

第四章　M字型就労サイクル脱却から見た比較福祉国家研究　49

出典）OECD, *Labour Force Statistics 1976-1996*, Geneve, 1997より作成。

表4-2 「女性の労働願望」および「家族福祉重視度」におけるジェンダー平等度から見た女性の働きやすさに関する国別ランキング

	女性の労働願望度	家族福祉重視度	家族手当の支払先
フィンランド	1	2	母
スウェーデン	1	1	母
ノルウェー	3	5	母
フランス	11	4	制度によって異なる
アメリカ	5	22	母
カナダ	7	19	母
イギリス	8	14	母
イタリア	17	16	父
スペイン	22	17	制度によって異なる
日本	20	23	父
スイス	21	20	父

出典) Siaroff, 1994, p.89, p.92 & p.94 より作成。

ことができたことは、極めて意味のあることである(表4-2参照)。というのも、市場の力のみで男女の機会の均等と平等待遇がもたらされないという歴史的事実がある限り、当然これらの国々では労働市場における強力なジェンダー平等のための施策とM字型脱却のための支援策が密接な関連を持って同時に講じられてきたという結論を得ることができるからである。こうして、労働市場における一定のジェンダー平等の存在を基礎にした「女性の労働願望度」を基準の一つの柱にした彼の類型化は、これまで見てきたように、女性労働と社会政策との関連を捉える上では有効性を持っているということができる。

他方、日本は、プロテスタンティズムの労働倫理を共有せず、前掲表4-2におけるように、「女性の労働願望」を支えるような労働市場におけるジェンダー平等についてもその順位が極めて低いという点で、高度に発達した資本主義国としては特異な位置を占めている。シーロフは、宗教的にカトリックとプロテスタントが混在しているという点を除いて日本と

同様の傾向を示すスイスとの共通点が女性の政治過程への参加の相対的遅れにあることに着目し、日本とスイスを「遅れて女性が動員された福祉国家」と命名し、自己の研究の斬新な成果と位置づけたが、女性労働との関連でスイスと日本を比較する限り、前掲図4-1からも明らかなように、スイスは、(OECDの統計からは91年以降しか示すことができないが)50歳代前半までは一貫して就業率が上昇し年齢別就業率はM字カーブを描いておらず、また、女性の就業率も日本より高く(96年で68.9％)、さらに次節で見るように、女性の就業構造も、日本ではなくM字型を脱却した国々に類似している。したがって、少なくとも女性労働に関する限り、スイスと日本を共通グループとしてまとめることはできない。スイスに関しては、シーロフの指標には出てこないジェンダー平等を追求する政策の存在を考察する必要があろう。

　いずれにしても、M字型脱却と福祉国家の類型との間には、詳細な独自の分析を必要とするスイスを除いて、相関関係を見ることができた。そこから得られたのは、「女性の労働願望」[2]を支える労働市場でのジェンダー平等の一定の実現がM字型からの脱却と不可分の関係にあるということである。次節では、いかなるジェンダー平等政策がそれを可能とさせてきたかに関する分析枠組みを得るために、M字型就労カーブからの脱却時期前後の女性労働の有り様を見ることにする。

第2節　女性の就業構造とM字型就労サイクル

　まず、当該諸国における女性の就業構造の特色を国際産業分類によって確認しておきたい。この検討を通して、女性労働がいかなる社会的要因に規定されて独自の就業構造を形成するかに関する手がかりを得ることができようし、それによって、依然としてM字型就労カーブを描いている日本の女性労働の分析視角も明らかとなろう。とはいえ、男性労働と対比してはじめて女性労働の持つ社会的性格も明らかになることを考

えれば、男性の就業構造に関する以下の事実を確認しておくことは意義深いことである。表4-3によれば、男性農業就業者比率が極端に低いアメリカとイギリスではそのサービス部門への集中度が他国に比して若干高い傾向にあるものの、全体として男性の就業構造に関しては日本も含めて共通性・類似性が高いことをその特色としている。これが意味することは、資本主義が、長期的には、農業の衰退と、その内部で新たな産業の興隆と伝統産業の没落を伴いながら進行する工業の衰退、そして、全体として「経済のサービス化」へ向かっていくというプロセスを、これまで労働力動員の中心的存在であった男性を介して、まさに市場の力の抗しがたい作用として貫徹させてきているということであろう。

これに対して、女性の就業構造に関しては、M字型脱却時期によってグループ化された国々の間で、またそれらのグループと日本との間で顕著な差異が存在する(表4-3参照)[3]。ここにこそ、女性労働力の動員が、これまでの雇用慣行や賃金制度、企業の経営戦略や男性および男性中心の労働組合の思惑、「女性の労働願望」を支援する諸制度やイデオロギーおよび民主主義の程度、雇用における男女平等政策、学校教育や職業教育の有り様など、多様な要因に規定されて行われてきていることを見出すことができるのである。最初にM字型から脱却した北欧三国は、「サービス部門が(工業に対して)相対的に優勢であり、また政府雇用が高率であるところでは女性雇用が増大傾向にある」(Siaroff, 1994:95)という特徴を体現しており、先進国中で最も女性の就業率が高い。しかし、OECDの『経済への女性の統合』(1985年)が明らかにしているように、ちょうどこのM字型から脱却しつつあった時期は、とりわけスウェーデンとノルウェーに典型的に現れているが、全女性就業者のほぼ半数が「地域・社会・対人サービス」部門に集中し、「概して[女性の]就業率が最高水準にある国は、職業の分離もまたより高い」(OECD, 1985:44)という結果がもたらされた時期と重なっている。しかし、こうした労働におけるジェンダー間分離に深く係わりながらも、この間の公務を中心とした「地域・

社会・対人サービス」部門への多くの女性の流入と集中は、まさに、国家による福祉国家構築の選択の結果として生み出されたものであり、決して単なる資本主義的発展の結果でないことに注意しなければならない。そして、女性の半数を占めるこの部門での就労のあり方が、女性全体の就労のあり方を規定するであろうことは想像に難くない。

　他方、北欧三国より遅れてM字型を脱却したアメリカ、カナダ、イギリスに関しては、「地域・社会・対人サービス」の就業者シェアは前者より低く、逆に「金融・保険・不動産・企業サービス」部門のそれは相対的に前者より高くなっている。そして、これらの国々では、M字型からの脱却の時期であった80年から90年にかけて就業構造が変動し、製造業の就業者シェアの低下と「金融・保険・不動産・企業サービス」部門でのその増大が並行して進んだ。この動きは、「経済のサービス化」に呼応した男性の動きと基本的に同様に見える。しかし、それと同時に、「卸・小売、飲食店、ホテル」部門における女性の就業者シェアの低下と男性の同部門における就業者シェアの増大、そして、それまで女性の就業者シェアより相対的に低かった「金融・保険・不動産・企業サービス」と「地域・社会・対人サービス」部門の男性就業者シェアの拡大、とりわけ前者についての女性比率への接近という動きを考慮すると、その内部での職業や職階に関してジェンダー間分離が否定しえない事実であるとしても、少なくとも産業間レベルでの男女の混淆が進んでいることが窺える。[4] つまり、全体として男女の就業構造の変化を概観すると、単なる「経済のサービス化」の動きに解消されない複雑な動きを伴っており、そこに、産業間への男女の労働力配分における政策の関与を見て取ることができるのである。言い換えれば、これまでの企業の雇用行動を修正させ、少なくとも男女の機会均等を促す政策的措置がとられているということであり、自由主義的福祉国家が決して企業活動の野放しの自由を意味するものではないということである。

　こうした二つの福祉国家グループと比較した日本の女性の就業構造は

54　第二部　女性労働政策から見た新しいジェンダー関係構築に関する分析視角

表4-3　就業構造の特色

	スウェーデン							
	1977		1980		1990		1997	
	女	男	女	男	女	男	女	男
就業人口に占める女性の比率	43.5		45		47.9		47.9	
就業人口に占める既婚女性の比率	26.7		26.7		26.3		—	
就業者に占める雇用者比率	94.7	92.0	95.1	89.5	94.4	86.6	94.1	84.4
農林漁業従事者	3.6	7.9	3.1	7.6	1.8	4.9	1.4	4.0
工業従事者	17.0	47.7	16.2	45.3	13.9	49	12.1	38.7
サービス業従事者	79.3	44.3	80.6	47	84.4	52.1	86.4	57.3
製造業従事者	15.4	33.9	19.5	32.2	12.3	29	10.7	27.3
建設業従事者	1.2	11.9	1.4	11.2	1.2	12.3	0.9	9.8
運輸・倉庫・通信業従事者	4.2	8.8	4.2	9.2	4.7	9.2	4.3	9.0
卸・小売り・飲食・ホテル業従事者	17.4	12.2	15.7	12.1	15	14	14.8	15.9
金融・保険・不動産・事務業従事者	6.4	5.6	6.7	6.7	8.1	8.6	10.7	13.3
地域・社会・対人サービス従事者	51.4	17.7	53.9	19.1	56.5	20.1	56.6	19.0

	アメリカ							
	1977		1980		1990		1997	
	女	男	女	男	女	男	女	男
就業人口に占める女性の比率	40.5		42.4		45.2		46.2	
就業人口に占める既婚女性の比率	23.1		23.7		25		25.3	
就業者に占める雇用者比率	93.3	89.0	93.3	88.6	93.3	89.5	93.3	90.5
農林漁業従事者	1.7	5.1	1.6	5	1.3	4.1	1.5	3.8
工業従事者	18.4	39.4	18.5	39.4	14.8	35.6	13.1	33.2
サービス業従事者	79.9	55.5	79.9	55.6	83.9	60.3	85.5	63.0
製造業従事者	16.7	26.8	16.4	26.3	12.9	22.2	11.2	20.3
建設業従事者	1.0	9.6	1.2	10	1.2	10.9	1.3	10.8
運輸・倉庫・通信業従事者	3.4	7.2	3.5	7.2	3.6	7.3	3.6	7.3
卸・小売り・飲食・ホテル業従事者	24.6	20.0	24	19.7	23.7	21.1	22.5	21.3
金融・保険・不動産・事務業従事者	9.7	6.3	10.8	6.6	13.7	9.3	13.0	10.1
地域・社会・対人サービス従事者	42.3	22.0	41.6	22.1	42.8	23.1	46.4	24.4

	日本							
	1977		1980		1990		1997	
	女	男	女	男	女	男	女	男
就業人口に占める女性の比率	38.1		38.7		40.6		40.6	
就業人口に占める既婚女性の比率	24.8		25.9		26.3		25.1	
就業者に占める雇用者比率	61.5	76.1	63.2	77.1	72.3	80.8	80.0	84.1
農林漁業従事者	15.2	9.8	13.2	8.7	8.5	6.3	6.0	4.9
工業従事者	28.1	39.8	28.4	39.7	27.4	38.6	24.1	39.2
サービス業従事者	56.7	50.4	58.4	51.7	64.1	55	69.9	55.9
製造業従事者	24.6	25.4	24.6	24.7	23.5	24.5	19.7	23.5
建設業従事者	3.2	13.1	3.6	13.9	3.8	13.3	4.2	14.7
運輸・倉庫・通信業従事者	2.0	9.1	1.9	9.1	2.2	8.6	2.8	8.7
卸・小売り・飲食・ホテル業従事者	26.6	19.7	26.9	19.8	27.2	19.6	28.0	18.7
金融・保険・不動産・事務業従事者	6.1	5.0	6.3	5.4	9.1	7.6	9.6	8.2
地域・社会・対人サービス従事者	21.8	16.4	23.1	17.1	25.2	18.7	29.0	19.8

第四章　M字型就労サイクル脱却から見た比較福祉国家研究　55

ノルウェー								フィンランド							
1977		1980		1990		1997		1977		1980		1990		1997	
女	男	女	男	女	男	女	男	女	男	女	男	女	男	女	男
39.4		41.3		45.9		46.6		47.3		46.9		48		46.2	
26.7		28.7		32.6		33.6		29.1		29.1		28.4		27.1	
88.7	83.9	89.5	83	92.5	85.4	94.8	88.8	83.0	80.3	84.6	81.3	89.5	81.5	89.7	80.7
7.0	10.5	6.1	10.2	3.9	8.6	2.6	6.8	13.1	16.9	11.7	15.1	6.3	10.4	4.9	9.1
15.2	43.8	13.3	41.1	11.2	36.2	10.4	35.3	23.6	45.1	22.9	45.1	17.4	43.5	13.8	39.8
77.8	45.8	80.6	48.7	85	55.1	87.1	58.0	63.2	38.0	65.4	39.8	76.3	46.1	81.3	51.1
13.7	28.3	11.9	26.5	8.9	21.2	8.5	20.8	21.6	31.4	21.4	32.1	15.3	26.9	12.6	27.0
1.0	13.6	1	12.2	1.2	11.8	0.9	11.0	2.0	13.7	1.5	13	1.6	14.6	0.8	10.7
5.0	12.3	4.9	12.3	5.1	10.7	4.8	10.0	4.3	10.7	4.4	11	4.2	10.1	4.4	10.5
22.8	13.3	22.3	13.4	21.4	15.3	19.9	17.2	18.6	10.6	17.6	11.1	18.7	13.4	16.7	13.6
5.7	4.0	5.8	5.1	7.4	7.6	8.8	10.9	7.5	3.2	7.6	3.6	9.6	7	9.4	10.7
44.0	16.1	47.6	17.9	51.1	21.2	53.5	19.7	32.7	13.1	35.5	13.5	43.6	15.6	50.4	16.1

カナダ								イギリス							
1977		1980		1990		1997		1977		1980		1990		1997	
女	男	女	男	女	男	女	男	女	男	女	男	女	男	女	男
37.5		39.6		44.4		45.1		39.3		40.2		44.4		45.0	
23.0		24.2		28.7		29.5		—		—		—		—	
91.5	89.2	91.5	89.5	92	89	89.4	87.1	96.0	89.8	96.1	89.1	92.6	82.1	91.4	81.9
3.3	7.1	3.1	6.9	2.6	5.4	2.4	5.0	1.4	3.7	1.3	3.5	1.1	2.9	1.0	2.5
15.2	36.9	15.7	37	12.8	34.3	12.0	32.4	24.5	49.1	22.5	47.8	17.3	43.7	13.2	38.1
81.6	56.0	81.2	56.2	84.6	60.2	85.6	62.6	74.0	47.3	76.2	48.7	81.6	53.3	85.8	59.4
13.1	23.4	13.4	23.9	10.3	20.6	9.7	20.3	22.6	35.5	20.5	33.6	14.7	27.8	11.3	24.9
1.3	9.7	1.3	8.8	1.5	10	1.3	8.7	1.1	9.4	1.2	10	1.9	12.7	1.4	11.6
4.0	9.4	4	9.5	3.8	8.6	3.7	8.5	2.7	8.6	2.9	8.6	3.3	8.4	3.4	8.9
25.9	19.8	26.8	19.8	26.1	22.4	25.1	22.3	24.5	14.7	25	15.4	24.6	16.8	23.1	17.9
11.8	6.9	12.5	7.7	13.9	9.8	14.6	11.5	7.5	6.2	8.9	6.8	12.7	10.4	14.4	14.3
39.8	19.8	37.9	19.2	40.8	19.5	42.2	20.1	39.4	17.8	40.1	17.9	40.5	16.9	44.6	17.9

スイス							
1977		1980		1990		1997	
女	男	女	男	女	男	女	男
35.2		36.2		38		41.6	
—		—		—		—	
—		—		—		87.7	86.2
5.5	8.7	5.1	7.9	4.3	6.3	3.6	5.4
26.2	48.2	23.1	46.7	20.1	44	14.8	35.3
68.3	43.1	71.9	45.5	75.4	49.6	81.6	59.3
詳細ナシ	詳細ナシ	詳細ナシ	詳細ナシ	18.4	28.7	12.8	22.1
				1.7	14.3	1.8	12.0
				3.8	7.5	4.2	8.2
				29.2	15.3	28.2	19.5
				11.4	10.2	13.6	15.2
				31.1	16.8	35.5	16.4

出典) OECD, *Labour Force Statistics 1977-1997*, Geneve, 1998より作成。

大きく異なっており、1997年段階においても、依然として製造業の就業者シェアが約5分の1と極めて高くかつ農林漁業就業者比率も男性より高いこと、建設業のそれも前二者グループが1～2％弱であるのに対して4％を占めていること、他方「地域・社会・対人サービス」部門の就業者シェアは前二者グループと15～30％も開きがあるだけでなく、それらの国の男性就業者シェアとの接近が見られること、「卸・小売、飲食店、ホテル」部門の就業者シェアが引き続いて拡大していることなど、日本独自の特徴を示している[5]（この意味で、表4-3から窺える90年代のスイスの就業構造およびその推移は、アメリカなどプロテスタントの自由主義的福祉国家類型と共通するものが多く、日本との類似性を見出すことはできない）。こうして、日本における女性労働に関しては、北欧グループにおけるように国家福祉的動員という要素も見出せず、また、プロテスタントの自由主義的福祉国家におけるように産業間における男女の混淆をもたらすような社会的規制力の存在を窺わせるものも確認することができない。

　それでは、このように、外見上、性別産業分離が高く出てこないという特色を有する日本の女性の就業構造を規定しているのは何であろうか。前二者グループに見られる要素が確認されないのであるから、それは、おのずから企業の労働力動員戦略ということになろう。つまり、日本の女性の就業構造は、企業のフリーハンドに任されている労働力動員の結果なのであり、「企業中心社会」や「企業社会」によって象徴される日本企業の持つ労働者支配・統合力の自由な行使の結果とみなすことができよう。そして、これこそが、日本と他の国々の就業構造に差異をもたらすと同時に、M字型就労カーブからの脱却を阻む壁として立ちはだかっているものなのである。

　これまでの分析から、我々は、各国の女性労働、とりわけ日本の女性労働に対する社会政策の特質を明らかにするために必要とされる分析枠組みを以下のようにまとめることができよう。まず第一に、前章で明らかにした旧来のジェンダー関係を転換させることを通したジェンダー平

等政策を推進する国家の姿勢がいかなるものであるか、第二に、国家が女性の雇用に対してどのような役割を果たしてきたか(国家の雇用者としての役割であり、プロテスタントの社会民主主義的福祉国家で重視された施策)、第三に、国家がジェンダー平等のために企業に対してどのように規制力を行使してきたか、第四に、「女性の労働願望」を支援するためのシステムをどのように構築してきたか、ということである。この第三で示された国家の企業に対する社会的規制に関しては、以下で詳しく見るように、主としてプロテスタントの自由主義的福祉国家が採用してきたジェンダー平等策の実施を条件とする政府発注を介した企業に対する規制、具体的には、アファーマティヴ・アクション(affirmative action)＝積極的是正措置による企業の規制が中心的位置を占める。それを、ここでは、発注者としての国家の役割として捉えることにする。こうした観点から、日本とM字型を脱却した国々との比較を通して日本の問題性を見ることにしよう。

第3節　日本の女性労働に対する社会政策とその限界性

1)　ジェンダー平等推進者としての国家

　ILOは、第二次大戦後に限って見ても、すでに1951年に「同一価値労働に対する男女同一賃金」条約(第100号条約)を、また1958年には「雇用および職業における差別」に関する条約(第111号条約)を、そして1965年には「家族責任を有する女性の雇用」に関する勧告(第123号勧告)を採択し、女性労働者に対する機会均等と平等待遇の実現のための諸原理とそのためのシステムを提示してきた。しかし、前章で詳述したように、こうした平等原則のみでは根本的なジェンダー平等を実現できないという理解から、1981年には、これまでの家庭内性別分業を前提とし、女性のみに家族責任を負わせる第123号勧告を廃棄して、新たに「男女労働者の家族責任」に関する条約および勧告(第156号条約、第165号勧告)を採択し、家

表4-4 各国のジェンダー平等に関するILO条約批准状況（1995年末現在）

	100号条約 批准年	111号条約 批准年	156号条約 批准年
スウェーデン	1962	1962	1982
ノルウェー	1959	1959	1982
フィンランド	1963	1970	1983
フランス	1953	1981	1989
アメリカ	×	×	×
カナダ	1972	1964	×
イギリス	1971	×	×
日本	1967	×	1995
スイス	1981	1961	×

出典）ILO, 1996より作成。注：×は未批准を示す。

族責任を有する女性労働者と同責任から自由な男性労働者という両者の関係性を変え、男女の新たなジェンダー関係のもとで、両性の新しい働き方をつくりだす諸原理とそのためのシステムを明らかにした。これらの条約は、結社の自由と強制労働の禁止と並んで、ILOによって基本的人権に関わる基本条約として位置づけられており、したがって、こうしたILOの女性労働に関する重要な基本条約に対して各国がどのような態度をとっているかが、まずは注目される必要がある。とりわけ、第156号条約は、旧来のジェンダー関係の転換を実現していく上で格段の重要性を有しており、「女性の労働願望」支援策との関係で4）でも言及する。

　表4-4から明らかなように、いち早くM字型就労カーブを脱却した北欧グループとフランスは、上述のすべての条約を批准している。とりわけ、北欧諸国とフランスが、雇用や職業における差別禁止という一般原則を踏まえて、ジェンダー平等に対する国家の姿勢を内外に示すメルクマールともいえるこれらの条約をその採択後比較的短期間の内に批准していることは、これらの国々がジェンダー平等に真摯に取り組んでいることを示すものであり、こうした国家の対応が早い時期でのM字型からの脱却に結びつく要因の一つをなしていると捉えることができよう。

　これに対して、プロテスタントの自由主義的福祉国家に属する三国については、アメリカがいずれの条約も批准しておらず、イギリスは100

号条約のみ、カナダは100号および111号条約の批准にとどまるなど、全体として北欧諸国やフランスとは異なる対応を見せている。しかし、前項でも述べたように、これらの国では、ジェンダー平等を目指す国家の対応の仕方に独自性が見られるにすぎないのである。重要なことは、これらの国では、全般的な雇用や職業における差別禁止という文脈の中に女性差別を位置づけることによって、それを社会的に容認しえない事態と明確に捉えていることである。すなわち、アメリカでは1964年公民権法第7編が、「いかなる者についても、その人種、肌の色、性別又は出身国を理由として、雇用の拒否、解雇、又はその賃金、雇用の条件若しくは特典に関するその他の差別的取扱いを行うこと」(第703条(a)、東京女性財団、1995：67)を違法な雇用行為と規定しているし、カナダの1986年雇用衡平に関する法律は、その目的が「女性、先住民、障害者及び人種や肌の色故にカナダにおいて明白なマイノリティ(visible minority)とされる人たちの被る雇用上の不利益な状態を是正することにある」(第2条[目的]、同上：111)とされるなど、女性に対する雇用や職業における差別が基本的人権に関わる問題であることが認識されるようになっている。これに対して、イギリスの1975年性差別禁止法では、前二者とは異なり全般的雇用差別禁止の中に女性差別禁止が位置づけられておらず、「一定の種類の性差別及び婚姻を理由とする差別を違法」(同法前文、同上：147)とするにとどまっているものの、女性のみでなく男性および既婚者というカテゴリーも含めて不利益取扱いが禁止されている点で、ジェンダー平等のための視野は広いといえる。

　そして、これらの国々に共通するものとして、違法な雇用行為や差別の救済に関して、適切な積極的是正措置＝アファーマティヴ・アクションが企業に求められていることが挙げられる。[7]アメリカでは、それが裁判所によって被申立人に対する救済命令としてなされるが(第706条(g)(1)、同上：68)、カナダに関しては、「使用者の雇用慣行のうち、指定グループに対する雇用障害となり、法により承認されないものを識別し、

除去する」(第4条(a)、同上:111)こと、および企業内の様々な地位における指定グループの割合が均衡を欠いている場合に「均衡が保てるよう積極的政策や措置を制度化し、合理的便宜を設けること」(同条(b)、同上:111)が使用者の義務とされている。他方、イギリスに関しては、「過去の不平等な機会の効果を消滅させるための一定の手順を許して」(同上:160)おり、とりわけ女性のみに対する訓練・再訓練や、家族責任を有する男女労働者に対する労働時間の弾力化の配慮などに関する積極的是正措置を「肯定的差別」とみなすべき「積極的活動」と位置づけている。しかし、この実施があくまでも企業の任意に委ねられているという点で、実効性はそれだけ弱いものであり、ここに、イギリスが三者の中では最も遅れてM字型からの脱却を果たした理由の一端があるものと思われる。いずれにしても、アメリカ、カナダ、イギリスが、ジェンダー平等法制において、差別が基本的人権という見地から見て反社会的行為であり、その是正のために国家が企業に対して積極的に関わる姿勢を示していることは、ILOの女性労働に関する基本的条約の批准の有無とは関わらずジェンダー平等を生み出していく基礎になっているということである。なお、これらの国々は、第156号条約についても北欧諸国やフランスとは異なって批准していないが、この分野でも、後に見るように独自に取り組んでいる。

　日本に関しては、まず、「雇用および職業における差別」に関する条約を批准しておらず、また、以下で見るように、1985年成立のいわゆる男女雇用機会均等法も、「法の下の平等を保障する日本国憲法の理念にのっとり」(第1条)制定されているにもかかわらず、雇用と職業における女性差別が他のカテゴリーに対する差別と同様に基本的人権に関わる反社会的行為であると明確に位置づけているとは結論できない内容となっており、ジェンダー平等推進者としての国家の役割は他の国々に比べて著しく劣っている(これに対して、スイスは、すでに1961年にこの111号条約を批准しており、この点でも日本との共通性はない)。とりわけ、80年代半ば

にようやく制定されたにもかかわらず、日本の男女雇用機会均等法は、すでに他の先進諸国で成立していた多様な性差別禁止法や雇用平等法などの持つ実効性ある積極的是正措置を導入することもなく、「平等実現のために使用者がとるべき措置としては、使用者の裁量権の強い努力義務規定(募集・採用・配置・昇進)と、罰則を伴わない禁止規定(教育・訓練の一部、福利厚生の一部、定年・退職・解雇)にとどまり、新たに設けられた救済措置も強制力をももたない」(久米、1995：86)など、企業に対する国家の影響力の行使が極端に弱いものとなっている。なお、この積極的是正措置については、すでに各所で指摘しておいたように、1975年におけるILOの「女性労働者の機会と待遇の平等に関する宣言」において「過渡的期間において、両性間の実効性ある平等を目指してなされる積極的かつ特別な待遇は差別とみなすべきではない」(ILO, 1998b, 1)とされ、さらに「特別待遇」ではなく「特別措置」という言葉に変更されただけで、この全文が1981年の家族責任に関する第165号勧告第8項(2)に挿入されていることを考慮すれば、それは少なくとも1980年代初頭には、国際的に承認されたジェンダー平等を実現するための手段の一つであったわけであり、その後に成立した日本の男女雇用機会均等法がその原理を受け入れていないことは、国家が企業に対する影響力の行使を回避ないしは断念していると判断されても仕方のないものである。

　1999年4月から改定された男女雇用機会均等法は、これまで使用者の努力義務規定であった募集・採用・配置・昇進における男女差別を禁止規定に格上げすると同時に、差別是正勧告に従わない企業名を公表できる制度を新設した。また、改訂前の同法では当事者双方の同意があってはじめて開催されることになっていた調停を、紛争の一方の当事者の申請で開始されるように改め、さらに、セクシャル・ハラスメント防止を企業の配慮義務とするなど、幾つかの点で従来の内容をこえることになる改定を行った。しかし、国際的レベルからすれば、こうした内容でもジェンダー平等を実現するためには不十分であることはこれまでの分析

からも明らかであるし、何よりも、ジェンダー平等のためには、雇用と職業に関する差別に反対する国家の明確な意志表示が必要なのであり、「現状では性差別禁止法は理念に過ぎ、実態に即しているとは言えない」(当時の岡野労相の発言、『日本経済新聞』1997年6月17日夕刊)という認識にとどまっている限り、日本のジェンダー平等推進者としての国家がジェンダー不平等を社会的に容認しえない行為としてアピールする力は弱くならざるをえない。

　その上、問題は、男女雇用機会均等法の成立とセットで行われた労働基準法における母性・女性保護規定の縮小ないし緩和が、この時の労基法改定でさらに強められたことである。とりわけ、時間外労働、休日労働、深夜業に対する女性保護規定が、育児や介護の責任を負っている場合など一部の例外を除いて廃止されたことである。[8]確かに、ILOが女性保護規定をめぐって問題提起をして以来、女性に対する特別の保護は平等を阻害するものとしてその「廃止」が一つの国際的傾向となっているが、しかし、ILOはもちろん、多くの先進国では、この女性保護規定の廃止は、実は「女性に適用されるあらゆる保護立法を……すべての労働者に適用拡大する」(1975年の前掲ILO「決議」)方向で行われているのである。[9]したがって、全般的な労働諸条件の改善を伴わない日本の女性保護規定の廃止は、ジェンダー平等の実現をそれだけ遅らせる危険性を孕んでいるということができよう。社会経済生産性本部(亀井正夫会長)が1997年5～6月に全国の上場企業に対して行った調査(158社から回答)においても、時間外労働や深夜業に関して「まず男女共通の規制を設けた上で撤廃すべきだ」(21.7%)、「撤廃した上で共通の規制をすべきだ」(18.5%)(『日本経済新聞』1997年9月22日)という回答が見られる中で、男女共通規制抜きの一方的な女性保護規定の廃止が実施されることは、繰り返しになるが、国家のジェンダー平等に対する社会的役割の後退ともいいうるものであり、M字型就労カーブからの脱却もそれだけ影響を受けることになろう。

2) 雇用者としての国家とジェンダー平等政策

「公的セクターは、女性の地位を改善するための特別な機会を提供しており(そして、相当期間提供してきた)、また他の部門に対して一つの模範として行動しえてきた」(OECD, 1985:59) ことからすれば、労働におけるジェンダー平等を推進していく上で、したがって、女性労働のM字型就労カーブからの脱却において、国家の雇用者としての役割は極めて大きいといわなければならない。すでに見たように、先進国の中でいち早くM字型カーブを脱却した北欧グループは、まさにここに依拠してその脱却を図ってきたのである。[10] これに対して、「公務の雇用者シェアはこの間(70年代後半以降—引用者)に明確に低下しており、日本では公共サービスがサービス経済化をリードしたとはいえません」(大沢, 1992b:12) という状況があるばかりでなく、一般職の国家公務員に目を転じてみても、**表4-5**に明らかなように、女性は、公務員数削減という国家政策のもとでわずかながら絶対数を増加させ、全体に占める比率も上昇傾向にあるものの、その数値は1994年度で16％にしかすぎない。さらに、内部での等級に関しても、女性の等級間分布は極端に下位の等級に集中しており、また80年代以降の傾向として上位等級比率に微少の上昇が見られるものの、最下位の二つの等級のシェアが増え、かつ中位の等級の比率も減少ないし横ばいを示すなど、全体として女性の地位向上の兆候を見出すことはできないのである。逆に、男性に関しては、当該期間に、低位等級に集中する比率は明確に減少するとともに、上位五等級への集中度は増大しており、女性公務員のこの間の等級間分布の動きとは好対照をなしている。こうした動向が意味することは、日本では、国家が、ジェンダー平等を追求する模範的雇用者として率先して他の部門に影響力を与えるような積極的役割を十分に果たしてこなかったということである。

とはいえ、このことは、他の部門に対する模範となるようなジェンダー平等政策が公務部門で全く不在であったことを意味するものではない。とりわけ、女性のみを対象とした育児休業制度という限界を持ちながら

表4-5 一般職の国家公務員の等級別、級別在職者数の推移(行政職(一))

	1980年度	総計	1	2	3	4	5	6	7	8			
総計		247,100	1,418	5,041	15,959	45,456	78,550	51,805	27,133	21,738			
	女性	34,825	6	33	167	1,240	10,857	13,671	4,973	3,878			
	男性	212,275	1,412	5,008	15,792	44,216	67,693	38,134	22,160	17,860			
総計(%)		100.0	0.57	2.04	6.46	18.40	31.79	20.97	10.98	8.80			
	女性	14.1	0.02	0.09	0.48	3.56	31.18	39.26	14.28	11.14			
	男性	85.9	0.67	2.36	7.44	20.83	31.89	17.96	10.44	8.41			
		総計	11	10	9	8	7	6	5	4	3	2	1
計	1985年度	235,736	1,385	1,634	3,493	16,743	14,155	35,537	23,098	46,182	45,237	24,964	23,308
	1990年度	232,207	1,438	1,874	3,850	17,883	17,192	33,267	24,060	41,361	45,182	26,256	19,845
	1994年度	232,389	1,509	2,052	4,017	18,516	18,447	33,685	22,681	44,053	44,731	22,838	19,860
女 実数	1985年度	34,222	10	9	17	167	181	2,221	3,302	8,176	11,567	4,194	4,378
	1990年度	34,899	16	12	30	244	631	3,709	3,237	7,168	9,981	4,879	4,992
	1994年度	37,314	14	16	44	322	1,204	3,573	3,218	7,694	9,778	5,945	5,506
女 構成比	1985年度	100.00	0.03	0.03	0.05	0.49	0.53	6.49	9.65	23.89	33.80	12.26	12.79
	1990年度	100.00	0.05	0.03	0.09	0.70	1.81	10.63	9.28	20.94	28.60	13.98	14.30
	1994年度	100.00	0.04	0.04	0.11	0.86	3.22	9.58	8.62	20.62	26.20	15.93	14.76
男 実数	1985年度	201,514	1,375	1,625	3,476	16,576	13,974	33,316	19,796	38,006	33,670	20,770	18,930
	1990年度	197,308	1,422	1,682	3,820	17,639	16,560	29,558	20,823	34,193	35,201	21,377	14,853
	1994年度	195,075	1,495	2,036	3,973	18,194	17,243	30,112	19,463	36,359	34,953	16,893	14,354
男 構成比	1985年度	100.00	0.68	0.81	1.72	8.23	6.93	16.53	9.82	18.86	16.71	10.31	9.39
	1990年度	100.00	0.72	0.94	1.94	8.94	8.39	14.98	10.55	17.33	17.84	10.83	7.52
	1994年度	100.00	0.77	1.04	2.04	9.33	8.84	15.44	9.98	18.64	17.92	8.66	7.36

出典)人事院「一般職の国家公務員の任用状況調査報告」、総理府編『男女共同参画の現状と施策』1997年、249頁より引用。

も、すでに1975年には「義務教育諸学校等の女子教育職員及び医療施設、社会福祉施設等の看護婦・保母等」を対象とした育児休業法を成立させているし、それを模範として、育児休業制度を有し、その取得者に労働社会保険料の被保険者負担相当分以上の休業補償金を支払っている民間の病院・診療所に対して雇用保険制度から「特定職種育児休業利用助成

給付金」を支払う制度を導入するなど、そのパイオニア的役割を無視してはならないであろう。問題は、こうした公務部門でのジェンダー平等政策が民間部門に普及される際に、その規範的基準を維持しえず低いレベルでの制度化がなされることである。たとえば、1991年に成立した育児休業法は、男女労働者をその取得の対象にしたという点で、明らかに男女労働者による家族責任の共同分担という新しい時代にふさわしい原理を採用したが、1975年法において認められていた「育児休業給」の規定もなく[11]、また、職務に復帰した際に休業期間の2分の1を勤務したものとみなして昇給させる取り扱い規定なども取り入れられなかった。しかし、1975年法に関しても、また、1991年法についても、いずれも「以前と同じかあるいは同程度の職に復帰できる」という他のほとんどの先進国における制度が有している復職規定を欠いていることは、ジェンダー平等において先導的役割を果たすべき国の雇用者としての態度にもともと限界があるというべきであろう。

3) 発注者としての国家とジェンダー平等政策

政府は、商品や工事などの発注者として膨大な金額の契約を多数の企業と結ぶ。この企業との契約の条件にジェンダー平等政策を盛り込むことによって、政府は、企業に対してその実施を促すことができる。こうした政府契約を利用して何らかの基準を企業に遵守させる方法は、たとえば最低賃金や組合賃率の遵守などのために欧米ではかなり古くから採用されてきたものであり、ジェンダー平等政策についても、「政府購入の条件として、民間企業が均等機会政策を実施するのを要求するような調達政策」(OECD, 1980:133)がアメリカやカナダなどを中心として追求されてきた。

1960年代の激しい公民権法運動を背景に成立した1964年公民権法第7編と並んで、アメリカでは、1965年の「政府の請負業者および下請け業者の雇用における差別禁止」(大統領命令第11246号)において人種的マイノ

リティに対する差別禁止とアファーマティヴ・アクション、すなわち積極的是正措置の実施が政府契約および連邦政府援助の建設契約下に入る企業に課されることになり、次いでそれが1967年に女性にも拡大適用されるようになって(大統領命令第11375号)、上述の方法によるジェンダー平等実現が国の施策として追求されるようになった(東京女性財団、1996：40)。他方、カナダでも、女性・先住民・障害者および人種や肌の色のために識別可能なマイノリティ(visible minority)とされている人々(指定グループと称する)に対する「雇用上の不利益な状態を是正すること」(同法第2条、東京女性財団、1995：111)を目指して1986年雇用衡平に関する法律が制定された。そこでも、アメリカと同様に、「……連邦の職務、事業若しくは取引に関係して100名以上の被用者を雇用する」(同法第3条、同上：111)使用者に対して、積極的是正措置を介して指定グループの雇用障害を除去し、雇用衡平を実現することを課した。

　こうして、アメリカやカナダは、政府契約をテコにしてジェンダー平等措置を企業に課すという点で、国家が企業に対して積極的影響力を行使していることがわかる。我々は、プロテスタントの自由主義的福祉国家に分類された国々が、こうした方法を用いて企業の雇用管理を間接的に規制しているという事実に着目する必要があるし、このように政府契約を通じて企業に対するジェンダー平等政策の実施に国家が影響力を行使していることが、女性の職域を拡大し、かつM字型からの脱却に寄与していることは疑いないことであろう。

　これに対して、日本では、政府契約を介して企業にジェンダー平等を迫るような法律は存在しない。日本における社会保障費と公共事業費のGDPに占める比率を比較した場合、他の先進諸国とは異なり圧倒的に公共事業費のそれが高いことを考えれば、当該事業での政府契約や政府援助の建設契約下に入る企業に対して差別禁止と積極的是正措置を採用することを契約の条件とすれば、その効力は極めて大きいものであったことが十分に予想される。その意味で、アメリカやカナダで採られている

方法がこれまで日本において追求されなかったことは、一方でジェンダー平等政策に対する国家の消極的姿勢をそこに見出すことが可能であるし、他方で雇用管理に関する企業の権限が絶対的に強かったことを指摘することができよう。

4）「女性の労働願望」に対する支援策と国家の役割

「女性の労働願望」に関しては、M字型就労カーブからの脱却との関連では、とりわけ既婚女性の労働願望に対して社会システムの中でそれを阻害する障害を取り除いたり、より積極的にそれを支援すること、いいかえれば旧来のジェンダー関係を転換するような施策が必要とされる。ここから、「女性の労働願望」に対する社会の対応の程度は、一方で、女性、とりわけ家族責任を有する女性が働くことを支援する社会システムの整備状況によって、他方で、女性が働くことにペナルティを課すような社会保障制度や税制の有無によって測ることができる。

ところで、前者に関しては、男女労働者が同じ家族責任を負った同じ労働力として労働市場に登場して「雇用に関して自由な選択権を行使する」（「男女労働者の家族責任」に関する第156号条約4条(a)）ことができるような社会システムの構築が、すでに見たように、1981年のILO第156号条約および第165号勧告の採択によって国際的な流れとなっている。その具体的措置や内容については主として第165号勧告において取り上げられているにすぎないが、「労働と家族責任との調和」を可能にする新しいシステムの範囲は、再整理すると(本書43頁参照)、①一日の労働時間の短縮や残業の削減など、労働諸条件の全般的改善、②たとえば交代制労働や夜業あるいは転勤などに対する「特別の配慮」、③現実にその大半が家族責任を有する労働者によって占められているパート労働者、臨時労働者、家内労働者の保護[12]、④両親のいずれかが取得できる親休暇、また病気の子どもや他の親族の介護のための休暇、⑤ホームヘルプサービスや家庭介護サービスの充実およびそれらサービスの規制・監督、⑥地域

コミュニティレベルでの保育・家族サービスや施設の整備、⑦公共交通手段など地域コミュニティの生活諸条件の整備、⑧育児・介護休暇を取得している期間の社会保障による所得保障と社会保障制度における男女差別待遇の禁止など、広範囲に及ぶ。[13]

　北欧諸国とフランスは、前掲表4-4の通り、いずれも条約採択後短期間でこの156号条約を批准しており、その意味で、新しいジェンダー平等を生み出す原理をいち早く社会的に受け入れたということができる。日本も、批准年は1995年とこれらの国に対して遅れをとっているものの、公的に新しい原理の受け入れを表明している点で既婚女性の労働願望に応える姿勢を示しているといえる。しかし、M字型就労カーブからの脱却を考える際に一定の機能を果たす育児休業制度を同条約批准国のそれと比較してみると、所得保障が休業前賃金の25％相当額とその取得のインセンティヴは強くなく、また、すでに述べたように、復職の権利の規定がないため、法制上男女どちらでも取得しうる規定も有効に機能しえない内容となっている。これに対して、たとえばスウェーデンの場合には、「直前6カ月または2年間に12カ月間雇用されていた」ことを前提として休業期間中従前所得の75％が保障され、父親にも1カ月（「いわゆるパパの月」）が割り当てられており、また、「以前と同範囲の職務へ復帰する権利」（北、1994：226）も与えられているなど、少なくとも法制上は男女どちらでも取得しやすい内容を有している。

　他方でフランスの場合には、スウェーデンと比較すれば、「最低1年の勤続」がなければ取得できず、また、休業期間中の所得保障もないなど、内容的には遅れているといえる（経済企画庁、1997：131）。しかし、育児休業とは別に、フランスでは、3歳以下の少なくとも一人の子どもの世話のために家庭で人を雇った被用者に対して、その被用者が四半期の所得に関して家族手当算出の基礎となる「基準賃金」（BMAFと呼ばれる）の少なくとも三倍を稼いでおり、その子どもの世話をする人の社会保障拠出分を支払っている場合には、全国家族金庫からその社会保障拠出分が

補填されることになっており(European Community, 1993, 141)、0歳から3歳までの子どもがいる被用者の就労の支援策として育児休業制度の不十分さを補っている。

これに対して、シーロフによって国家が「最低限の家族福祉」しか提供していないとされたアメリカ、カナダ、イギリスについては、いずれの国も156号条約を批准していない点で共通しており、育児休業制度を持つアメリカでは当該期間中の所得保障がなく、また、イギリスには制度そのものが存在しないなど、家族責任を有する男女労働者の労働に関する「自由選択権」を支援する公的システムが整っていないのは事実である。しかし、アメリカの例に見られるように、企業、とりわけ社会的に影響力のあるアメリカを代表するような大企業が、企業内保育所の設置や民間保育所に対する投資の見返りとして従業員のための枠を確保するなど、家族責任を有する労働者の支援策を拡大させている(『日本経済新聞』1997年12月8日夕刊)。その意味で、アメリカには「女性の労働願望」を支援するシステムが欠けているのではなく、それを支える主体や方法が北欧諸国とは異なるということであり、直接女性を雇用する企業がその責任の多くを負っているということであろう。

次に、社会保障制度や税制が女性労働、特に既婚女性の雇用労働に対してペナルティを課す構造になっているかどうかを比較検討してみることにしよう。まず、社会保障制度に関しては、基本的には家庭内における男女の性別役割分業に基づき、女性は男性の被扶養者として「婚姻から派生する権利」としての受給権を享受するような制度が一般的であり、こうした前提のもとでは、働く妻の受給権も、男性には求められない資格要件によって制限されたり、あるいは、1975年に廃止されたイギリスの失業手当や疾病手当に典型的に見られたように、男性よりも低水準の給付しか支給されないなど、社会保障制度におけるジェンダー不平等が存在してきた。しかし、こうした社会保障制度におけるジェンダー不平等は70年代後半以降、とりわけ1978年のECの社会保障に関する男女平

等待遇指令の浸透の中でヨーロッパを中心に徐々に解消されてきた。その象徴的事例は、イギリスの働く既婚女性が、それまでは、自分自身はごくわずかな拠出をするだけで、夫の拠出に依拠してその「派生的権利」として出産手当や退職年金などの権利が認められてきたのが(Brocas et al., 1990, 31)、78年以降被保険者として独自の個人的権利を認められるようになったことであろう。このような、実際には働く既婚女性にペナルティを課すような社会保障制度は、今日では、全体として改められてきているが、遺族年金に関する限り、65歳で自己の老齢年金に切り替わるスウェーデンと金額に上限が設定されているものの併給が可能なイギリスを除いて、自己の被用者年金権を有する女性に対する取扱いは、「夫の年金額の2分の1以下であれば被用者年金の保険料は掛け捨て」(日本)、「夫の年金額より少ない場合は被用者年金の保険料は掛け捨て」(アメリカ)、「所得がスライド制最低賃金を越える場合は被用者年金の保険料は掛け捨て」(フランス)など、働く女性に不公平感をもたらす仕組みを残している(『平成9年版 国民生活白書』:134～135)。

しかし、これは、もともと稼得者死亡による無業の配偶者に対する所得補償という機能を有した遺族年金が、とりわけ妻の労働力化の進展という今日的事態に制度的に対応しえていないことを示すものであり、その点では、単なる女性労働に対するインセンティヴやペナルティという視点からの検討をこえた制度の根本的あり方が問われている問題といえよう。この点では、M字型カーブからいち早く脱却したスウェーデンが、年金受給開始年齢の65歳で自己の年金へ切り替わるシステムを構築していることは示唆的である。前述のように、今日、主要な社会保障制度における男女労働者の均等待遇は制度的に改善されてきており、関心は、主婦など女性がもっぱら担っている育児や介護などのアンペイド・ワークを年金や疾病制度などにどのように盛り込むかに置かれている。その意味で、社会保障制度は、「婚姻から派生する権利」から「個人的権利」へ向かう転換期にあり、いわゆる労働概念(生産労働と再生産労働)の拡大に

表4-6 主要国における所得税制度の特色

国名	課税単位	人的控除	備考
スウェーデン	個人(71年以降)	所得区分に応じた人的控除あり	共働きの場合、16歳以下の子供がいれば特別控除制度有り
フィンランド	個人		
ノルウェー	個人／世帯選択		母稼働の場合、保育費用控除制度有り
フランス	世帯	なし	夫婦合算所得を子を加えた人数分に分割し課税(n分n乗)
アメリカ	個人／世帯選択	本人・配偶者・子	稼得の有無にかかわらない　母稼働の場合、保育費用控除制度有り
カナダ	個人		保育費用控除制度有り
イギリス	個人(90年以降)	夫婦控除	稼得の有無にかかわらない
日本	個人(1950年以降)	配偶者控除・配偶者特別控除(87年)	無業ないし限度額以下の所得しかない配偶者

出典）経済企画庁編『平成9年版 国民生活白書』およびOECD（1985）より作成。

対応し、かつ男女を問わずその生涯的配分に弾力的に対応しうるシステムの構築が試みられていると言える。

最後に、既婚女性の労働インセンティヴに一定の影響を及ぼす所得税制について見ることにしよう。社会保障制度において「婚姻派生的権利」から「個人的権利」への転換が生じているのと同様に、この所得税制においても、「既婚女性が労働力に加わることを奨励するのを主要目的」(OECD, 1985:155)として世帯合算課税から個人課税への転換が行われてきている。[14] 表4-6は、これまで検討してきた福祉国家類型に属する主要国の所得税制の特色をまとめたものである。同表を一瞥すれば明らかなように、M字型就労カーブから脱却した国々は、一方で、個人単位の課税にせよ、あるいは世帯単位の課税にせよ、家庭外で働く既婚女性を不利に扱うことはせず、逆に、他方で、働く母親に対する保育経費の控除を認めるなど、むしろ「女性の労働願望」を支援するような制度を設けていることがわかる。

これに対して、日本は、労働省の「パートタイム労働者総合実態調査報告」に明確に示されているように、「配偶者の税制上の配偶者控除や配偶者特別控除がなくなるから」という理由で就労の調整を女性に強いる(非課税限度額までしか働かない)税制となっており、結果として、既婚女性の労働をせいぜいパートタイム労働に限定する機能を果たしている。その上、こうした働き方の限定は、各種社会保険加入や企業の配偶者手当支給とも連動してより強化されている。この点でも、日本の「女性の労働願望」に対する支援は、ジェンダー平等の視点からではなく、一方ではいわば古典的な「安価な労働力」という観点から、他方では男性稼得者モデルの保持という観点からなされていることがわかるのである。

第4節　M字型就労サイクル脱却のための課題

これまでの分析から明らかなように、女性労働に対するジェンダー平等実現のための国家の社会的姿勢や具体的取組みに関して、日本は、すでにM字型を脱却した諸国に比して明確に遅れをとってきた。その背景には、日本が、雇用管理に直接的権限を持つ企業の自由を最大限保証し、国家の強制力に依拠するというよりは企業のイニシアティヴに委ねる途(したがって、大半の企業はジェンダー平等の実現をサボタージュする途)を選択してきたことが挙げられる。しばしば日本との共通性を指摘されるアメリカやカナダなどのいわゆる自由主義的福祉国家は、ジェンダー平等実現に関する限り、多様な形態での国家規制と企業福祉を特色としており、その点で日本よりも遥かに国家の規制力の行使が強いことも明らかにされた。[15]

最後に、上述の整理から導き出される重要な点として指摘しておくべきことは、何よりもジェンダー平等実現のための施策が多様であるということである。日本では、ともすればそれが裁判闘争に収斂されがちであるが、雇用者としての国家の役割や発注者としての国家の役割を考慮

に入れたジェンダー平等施策の追求も視野に入れる必要があろう。とりわけ公共事業が国家歳出の大きな部分を占める日本においては、発注者としての国家の役割を通じたジェンダー平等の追求は、極めて大きな部分の労働者に影響を及ぼすに違いない。[16]そのためには、ジェンダー平等を実現するための手段として位置づけられている積極的是正措置策定の基礎をなす個々の企業の職場におけるジェンダー関係を労働そのもののレベルにまで降りて把握することが必要であり、企業および男女労働者という各アクターの労働編成をめぐる現実の動きを明らかにすることを通して、ジェンダー平等をもたらす可能性の萌芽を具体的に見出すことが求められる。

第三部
社会保障制度における新しいジェンダー関係構築に関する分析視角
――高齢者ケア[1]を中心に――

第五章　社会保障制度におけるジェンダー関係の変革とILO

第1節　社会保障制度におけるジェンダー関係変革に対するILOの態度

1)　基本原則の明確化と条約化の放置

　すでに第三章で明らかにしたように、雇用労働の分野における従来のジェンダー関係の転換を促す条約は1981年の「家族責任条約」を嚆矢としてその後の条約に次々と具体化されていった。これに対して、社会保障分野については、全体として、どのように事態が進展したかを以下で検討しておくことにしよう。

　実は、すでに前述のILOにおける1975年の「決議」において、「社会保障給付の受給資格に関しては世帯主および単身者という地位を再検討するための措置が講じられなければならない」(パラグラフ5、引用者訳)として、当該領域においてもジェンダー関係の変更が提起されていた。しかし、社会保障の分野に関しては、その提起が1981年の165号勧告において取り入れられたのみで、後に見るように、社会保障の基本条約の改定ないしは新条約の採択には至らなかった。この165号勧告の内容は、育児・介護休暇中の社会保障による保護(パラグラフ28)、および配偶者の職業活動ならびにその活動に由来する諸給付に対する受給資格を根拠と

して社会保障の適用から既婚女性を排除してはならない(パラグラフ29)というものであり、一方では、社会保障制度における男女の均等待遇原則を掲げ、他方では、アンペイド・ワークに社会保障を結びつけるというものであった。しかし、これらはあくまでも勧告であり、その後の社会保障に関する条約、たとえば1988年に採択された「雇用の促進と失業保護」に関する168号条約に具体化されることはなかった。概して、1980年代は、「幾つかの国や地域組織においては発展が見られたにもかかわらず、社会保障における女性についての包括的検討は、国際的討議の中で行われることはなかった」(Brocas et al., 1990：v)のである。[2] 少なくとも、ILOレベルで見る限り、1990年代も全体として社会保障における男女の均等待遇という1958年111号条約以来の原則が重視され、[3] 1975年の「決議」が提起した旧来のジェンダー関係を変革するという課題に対する具体的取組みはなされなかった。

2) 21世紀におけるILOの新しい動き

このジェンダー関係の見直しを迫る動きが本格的に開始されるのは、ようやく21世紀に入ってからのことである。すなわち、2001年のILO第89回総会にあわせて提出された社会保障に関する委員会報告『社会保障の諸問題、挑戦および展望 Social Security—Issues, Challenges and Prospects』は、経済発展と社会保障、社会保障の適用拡大、社会保障財政、失業者に対する所得保障と雇用などと並んで、社会保障に関するジェンダー平等を検討課題として俎上にあげることになった。

この報告をめぐって展開された討論において労働者代表が指摘しているように、「今日に至るまで、家族責任に関する問題は未だ社会保障条約に包摂されていない」(ILO, 2001：3)というのが、上述のようにこれまでの実態だったのである。こうした認識は経営者代表や政府代表も共有しており、討論においては、経営者代表からも政府代表からも既存の社会保障条約がこれまでのジェンダー関係を不問にしたままになっている

点で時代遅れとなっていることが問題とされた。とりわけILOの社会保障条約の基本をなす「社会保障の最低基準」に関する1952年の102号条約には、基本であるがゆえになおさら批判が集中することになった。労働者代表は、同条約が「あたかも男性が社会保障の受給者で、女性は単に彼らの被扶養者である」(ILO, 2001：14) ことを前提として組み立てられてきたとし、経営者代表も「ただ一人の一家の大黒柱としての強い (macho) 男性を典型としている」(ibid.：15) 点で、まさに「恐竜」(ibid.)的存在となっていると指摘した。他方、政府代表も、同条約は「男性＝稼得者／女性＝家族の世話係 (homemaker) モデルに基づいて」(ibid.：14) おり、「そうしたモデルは、もはや諸給付の配分のための有効な基礎を提供するものではない」(ibid.) と批判した。

こうして、旧来のジェンダー関係に基づく社会保障の原則が持つ問題性は浮き彫りにされたが、新たにいかなる原理のもとで社会保障制度を再編成するかという点に関しては、第一に、社会保障における男女の均等待遇原則は否定しえないこと、第二に、「社会保障に対する権利は配偶者の受給資格に依存しない個人的権利であることが必要とされる。基本的受給権は各個人の資格として必要とされる」(ibid.：12) ことについては、政・労・使の間で異論がないにしても、いかにそれを社会保障制度において具体化していくかについては三者の間に隔たりがあり、結局以下のような方向性が示されたにすぎなかった。とはいえ、すぐに明らかになるように、そこには、批判されている旧来のジェンダー関係の変革と関連づけられた方向性が含まれていることをあらかじめ指摘しておかなければならない。

すなわち、第一に、社会保障が従来通りジェンダー平等原則に即して発展させられるべきことが再確認された。しかし、それは、単に男女の均等待遇原則のみではなく、衡平な結果をもたらすことが含意されていることに注目する必要がある。というのも、これが意味することは、「社会は、とりわけ女性が、子ども・親・あるいは障害を持った家族に対し

て提供するアンペイドのケアから多くの利益を引き出している」(*ibid.*: 34)のであるから、主として女性が担うこうしたアンペイド・ワークが社会保障制度において不利な結果をもたらさないよう、結果の衡平を保証するための措置を講じるべきであるという内容を有しているからである。

　第二に、家族に対する男女の共同責任原則にたった社会保障・社会サービス制度の構築が求められるべきであるということである。これは、まさに、旧来のジェンダー関係の変更を迫るものとして重視されるべき点であり、男性のケアワークの分担、女性の稼得労働への参加を求めることを意味する。とりわけ、後者に関しては、「女性が雇用にアクセスすることを容易にする措置は、被扶養者としてではなく自らの固有の権利として女性に社会保障の諸給付を付与する傾向を支えることになろう」(*ibid.*)として、女性の労働市場への参加を、女性が固有の受給権を得るための前提としたことである。そして、この文脈から、過渡期における経過措置に配慮しながらも大胆な遺族給付の見直しを提起した。

　第三に、社会保障給付における男女差の規定要因の一つをなす賃金格差を解消する措置を講じること、男女を問わず育児の担当者に育児給付を支給すること、依然として体系的差別が残っている社会では女性差別解消のための積極的是正措置を講じることなどを指摘することを通じて、社会保障制度におけるジェンダー平等を実質的に確保するためにより広範な措置が不可欠であることを明らかにした。これは、すでに第三章で指摘したように、雇用の場におけるジェンダー関係の変革を目指す内容を有したものであり、社会保障分野におけるジェンダー関係の変革が雇用の場でのそれと不可分離の関係にあることを物語るものである。

　こうして、従来の社会保障における男女均等待遇原則をこえてジェンダー関係の変更を視野に入れたILOの社会保障改革の戦略は、ILO(2001)第4項目で挙げられたジェンダー平等に関する限り、一つは、アンペイドの、とりわけケアワークの社会保障制度への組込みと二つ目は遺族給

付の見直しである、とまとめることができよう。

第2節　ケアワークの社会的評価の現段階

　前節から明らかなように、社会保障分野でのジェンダー関係の変革を目指すILOの戦略は、未だ条約として具体化されるには至っていないが、これまで主として女性によって担われてきたアンペイドのケアワークの社会的評価を社会保障制度に組み込むという基本的スタンスは少なくとも確立されているということができよう。

　こうしたILOの基本的スタンスを踏まえて、我々は、ケアワークの社会的評価に関して、どのような形態で社会保障に組み込まれているかを検討することによって、それが従来のジェンダー関係を維持する方向に働いているのか、あるいはそれを変革しうるのかに関してその可能性を探ることができよう。言い換えれば、このケアワークの社会的評価の具体的有り様は、フェミニストの比較福祉国家研究にとってジェンダー関係の変容を知る手がかりを与えてくれる重要な指標となるものである。第六章は、この視点からの具体的比較を行うものであるが、その際、本書では、このケアワークを主として高齢者ケアに焦点を絞って行いたいと思う。というのも、ジェイン・ルイスなどは、児童と要介護成人の間のケアを区別して論じることに反対しているが(Lewis and Daly, 1998)、何よりも、ケアが社会化されたり、社会保障制度によって評価されたりする論理や社会化の形態などは児童と要介護成人では異なっているし、とりわけ前者が親・子関係に集中するのに対し、後者は夫・妻関係をも含む点でジェンダー関係の変革にとってより多様な意味を持っているからであり、区別して論じること、しかも高齢者ケアに着目することに大きな意義が存在するからである。したがって、本書は、要介護成人の主な構成部分をなす高齢者に着目してそのケアの社会的評価の有り様における差異を明らかにしたい。[4]

しかし、次章で本題に入る前に、アンペイド・ワークに対する社会的評価がこれまでどのように各国で展開されてきたのかを概観しておくことにしよう。というのも、こうした全体としての具体的動きの中に位置づけられてこそ、高齢者ケアの社会的評価を介したジェンダー関係の転換もより理解しやすくなるからである。

さて、多くの先進国では、女性の労働市場への参加の拡大とともに、また福祉国家における旧来のジェンダー関係見直し気運の中で、ケアワークを社会保障制度の中で評価し年金その他の諸給付に反映させる動きがすでに現実のものとなってきている。他方で、いうまでもなく、家庭内のアンペイド・ワークの公的領域への移行も同時に進行してきたことは論を待たない。アンペイド・ワークの中でもケアワークの公的領域への移行に関しては、とりわけ働く女性の需要に基づいて育児の公的領域への移行が先行されてきたのに対し、高齢者ケアに関してはタイムラグが見られ、人口の高齢化の進展とともに1970年代以降徐々に顕著になった。この背景には、各国の高齢者が年金制度の成熟とともに、相対的に有利な老齢年金を受給できるようになり、成人した子どもに依存せずに社会サービスとしてケアを購入できる経済的条件が形成されてきたことを挙げておかねばならない (Sipilä *et al.*, 1997:33)。そして、この高齢者ケアに関しては、1980年代以降ほとんどの国が多かれ少なかれ余儀なくされている福祉国家のリストラクチャリングという流れの中で、また、住み慣れた場所でケアを受けたい、自ら親族をケアしたいという要介護者や介護者の要求を基礎にして、とりわけケアワークが施設から再び家庭内に返されていく傾向が強まるとともに、実に多様な形態をとって社会的評価が実施されるようになってきている。これまでの、アンペイド・ワークをめぐるこうした動きの特色を整理しておくと以下のようになろう。

第一に、出産・育児休暇中における医療の現物給付に対する権利の継続、あるいは当該休暇中の廃疾手当に対する受給権の保護など、前述の

ILO165号勧告における「育児・介護休暇中の社会保障による保護」が現実のものとなっている状況が生まれてきていることである。

　第二に、これら出産・育児休暇期間を、通常は被保険者の保険料拠出を伴わずに、老齢年金制度の加入期間・年金額に算入することが多くの国においてとられるようになったことである。そして、これと並んで重要なことは、育児休暇にせよ、介護休暇に関しても、家族に対する男女の共同責任原則を受けて女性のみでなく男性に対しても保障される傾向にあることから、当該休暇中の社会保障受給権およびこのアンペイド・ワークの年金制度への算入は、まさに前述のセインズベリいうところの男性も女性もともに稼得者＝家族の世話係というジェンダー関係に対応し、またこのジェンダー関係を強化しうる可能性を有しているということができる。しかし、現実には、その大半が女性によって取得されているのが実態であり、その意味であくまでも可能性にとどまっているというのが現実であろう。

　第三に、こうした家族責任を有する労働者に対する措置と並んで注目すべきは、妻として、あるいは配偶者として責任を負うべきとされてきたアンペイド・ワークを社会保障制度に取り込む動きも出てきているということである。それは、一方で、妻の行う家事労働一般を対象にするものと、他方で、ケアワークを対象にするものという二つの流れに分けることができる。前者の代表例の一つとして、1981年施行のイスラエルにおける非労働災害事故に対する社会保険制度である災害保障法(the Accident Law)を挙げることができる。同制度は、家庭の主婦をも含む18〜65歳（女性の場合は60歳）のイスラエル人を対象にしたユニバーサルな強制保険制度であり、入院したり、病床にあったり、あるいは家庭での仕事ができない主婦に対して、「被保険者の平均賃金の25％までの額を、14日の待機の後に90日間支給する」(Brocas et al., 1990:90)ものである。また、ドイツ(1977年)やカナダ(1978年)で導入された離婚時における老齢年金の男女間での均等分割も、無業の主婦にとっては、家庭内の家事労

働一般に基づく年金への一種の請求権とみなすことができよう。とはいえ、イスラエルの給付に見られるように、その水準は実際的には極めて低く、家事を代わってもらう人に「支払わなければならない額よりもずっと低い」(Miller, 1988:65)ことが問題として指摘できるが、重要なことは、これまで家庭内で主として女性によって担われてきたアンペイド・ワークが、一部は男女双方によって担われるとともに、それらが社会保障制度において社会的に評価される仕組みが単に出産・育児・介護の領域のみでなく、いわゆる狭義の家事労働領域にまで拡大されてきていることが今日の特色として挙げられるということである。もちろん、こうした形態でのアンペイド・ワークの社会的評価は、セインズベリの指摘するように、女性＝家族の世話係という従来のジェンダー関係における女性役割を強化する側面は問題視されなければならないにしても、それとともに、配偶者への依存を軽減する機能も持ちうるものであり、各人稼得者＝家族世話係へ向かう過渡期の経過的措置としての性格を見出すことも可能であろう。

　以上、従来のアンペイド・ワークの社会的評価の進展状況を概観してきたが、そこからジェンダー関係の転換との関連で高齢者ケアを検討する指標としては、妻や配偶者が行うケアがどの程度社会的評価の対象となっているか、いかなる社会保障制度において社会的評価の算入がなされているか、給付額の水準がどの程度に達しているか、などであろう。これらを検討することを通して、従来のジェンダー関係の変革に結びつく可能性を持った諸制度を各福祉国家が備えているかを比較することが可能となろう。

第六章　高齢者ケアワークの社会的評価の
　　　　多様化と新しいジェンダー関係の構築

第1節　介護給付(payments for care)の存在形態とその意味するもの

　ケアワークをどのように社会的に編成しているかをめぐって、今日では、スカンディナヴィア諸国を社会的ケアサーヴィス・モデル(social care services model)として同一の福祉国家類型として捉える動きが出てきている(Sipilä, 1997)。そこでは、普遍主義的で、公的サービス中心の社会的ケアサービス・モデルが想定されており、いかにしてこうした編成が歴史的に形成されてきたかの研究も進んでいる。本章は、ケアワーク全体を把握して、それがどのように社会的評価のシステムを有しており、それらを総合していかなる福祉国家類型が打ち出せるかという観点から類型化のための作業を行うものではないことをあらかじめ断っておく。本章の関心は、あくまでも高齢者ケアに対象を限定し、この高齢者ケアをめぐって展開している社会的評価がいかなるものであり、また、それによって旧来のジェンダー関係にいかなる変容がもたらされているか、そして、将来的にジェンダー関係の変革にいかに結びつくかにある。
　とはいえ、このケアの領域においても、ケアをめぐる、とりわけ在宅

ケアをめぐる給付(payments for care)の類型化はクレア・アンガーソン(Clare Ungerson)などを先駆として進展していることも事実である。彼女は、この類型化の意義を、ケアを受ける人とケアする人の間の「ケア関係に現金が入り込むことが、そのケア関係と衝突したり、ケア関係を構造化したりする仕方を理解する道をつけることになる」(Ungerson, 1997: 366)ところに求めている。そして、(a)税制や社会保障制度を介した介護手当(care allowances)、(b)国家や国家機関によって支払われる正式な賃金(proper wages)、(c)ケア・ユーザーに直接支払われる手当を介した使途を限定された賃金(routed wages)、(d)ケア・ユーザーから親戚、隣人、友人に支払われる象徴的支払い(symbolic payments)、(e)ボランタリー諸組織や地方当局がボランティアに支払う有償ボランティア(paid volunteering)という5つのタイプを析出した(Ungerson, 1997)。

この類型化で焦点が当てられるのは、上述のようにあくまでもケアする人とその受給者との間に現金が入り込むことで両者の関係がどうなるかであり、契約関係としての成熟の度合い、消費者としての自律性や市民としての介護者の権利などに関心が向けられている。その意味で、本章の課題とは異なっている。とはいえ、アンガーソンも、この介護に対する支払い額が、「潜在的な介護者の労働市場行動、彼らと国家や世帯との関係に根本的に影響を与えるであろうし、現行のケアリングにおける性別分業に真のインパクトを与えるかもしれない」(Ungerson, 1997:378)と指摘しており、最終的には、ジェンダー関係の変革に結び付けていく可能性を秘めた類型化を行っているが、その類型化そのものを通してジェンダー関係を論じていないところに本章との差異がある。ここでは、あくまでも、高齢者ケアをめぐって展開している社会的評価が、どのようなものであり、また、それによって旧来のジェンダー関係にいかなる変容がもたらされてきているか、そして、将来的にいかなるジェンダー関係の変革を引き起こすかを明らかにすることを課題としている。

第2節　介護給付の二形態——要介護者給付／介護者給付の動向

　在宅ケアに対する支給という形態をとって家庭内のケアワークを社会的に評価する仕組みを持つ国が、今日徐々に増えてきている(Evers *et al.*, 1994; Lewis ed., 1998; Jenson *et al.*, 2001)。この在宅介護に対する給付は、要介護者に対する支払いという形態をとる場合(以下、要介護者給付と称する)と、介護者に直接支払われる介護者給付の二つに大別することができる。[1] 前者の要介護者に支給される給付は、もともと自立・独立した生活を送りたいと願う青年障害者の運動の中から実現されてきたものであるが、今日では、雇用・失業対策的側面から、あるいは施設ケア費用の削減という観点から、さらには家庭で老後生活を送ることを支援するという視点からなど、その普及の推進力は多様かつ重複しているものの、高齢者ケアにも拡大されてきており、オーストリア、ドイツ、フランスなどいわゆるエスピン=アンデルセンいうところの「保守主義的・コーポラティスト的」福祉国家においてとりわけ1990年代以降その導入が指摘できる。

　これらの要介護者給付は、ドイツの拠出制社会保険制度によるものを例外として、多くは無拠出制の給付として創設されている。

　まず、とりわけ1990年代以降、普及が目覚しい要介護者給付についてみることにしよう。

　月50時間以上の恒常的ケアを必要とすることを最大の受給要件とし、所得・資産制限などのハードルを設けないという点で最も緩やかな支給要件を特色とするオーストリアの要介護者給付は、それまで要介護に至った原因によって支給要件や要介護者手当額がまちまちであった諸制度を整理・統合化して1993年に二つの制度として(しかし、内容的には一つの制度として)成立したものである。第一の制度は、連邦職員を含む年金受給者、労災受給者、戦争犠牲・犯罪被害などの年金受給者の要介護者

給付であり、連邦政府が財政的責任を負っている。第二の制度は、現役労働者とその被扶養の家族、社会扶助受給者、州・市町村公務員年金受給者に関する要介護者給付であり、州政府が財政的に責任を分担している(Federal Ministry of Social Security and Generations, 2001)。他方、要介護者給付の受給者は、同給付をもとにケアサービスを購入することになるが、現実の介護者の主要部分は家族・親族であり、わけてもこうしたインフォーマル介護者の80％は娘や義理の娘などの女性によって占められていることが明らかにされている(Osterle, 1999)。そのため、連邦政府と州政府との合意により、介護者には年金制度への加入の途を拓き、また、要介護度4~7までの重度の要介護者を介護するために雇用を断念せざるをえなかった家族介護者に対しては、年金保険料の減額を設けている(Federal Ministry of Social Security and Generations, 2001:11)。この要介護者給付は、あくまでもケアを必要とすることから生じる追加的費用をまかなうものとみなされており、介護者にとっての所得や所得喪失に対する補償とは位置づけられていない。このことは、何よりも、「オーストリアでは9つの州で差異はありながらも、(配偶者、子ども、両親という)近しい家族構成員に対する法的ケア義務が存在する」(Osterle, 1999)ことと関連しているであろう。

　こうして、オーストリアでは、要介護者給付は、本来要介護者を介して介護者の介護に対する支払い(「賃金」)へと転換していく可能性を持つものであり、しかも、介護者の年金制度への加入やその保険料の減額など介護労働者としての性格をおびる契機を備えるなど、介護を社会的労働として評価し、その担当者を労働者として認知していく潜在力を秘めているということができる。しかしながら、同時に、家族構成員に対する扶養義務の存在がその潜在力を発揮させえない制約になっていることも事実であり、それが旧来のジェンダー関係の転換にとって制約となることも否定できない。

　1975年に20歳以上の障害者に対して要介護者給付(第三者補償手当)を

支給する仕組みを創設したフランスでは、1997年に60歳以上の老齢者を対象とした要介護特別手当(Prestation spécifique dépendance：PSD)制度を新たに設けた。同給付は、介護サービスの購入ないし介護者の雇用(あるいは両者の組合せ)にその使途が限定されているが、この手当制度を介して雇用された介護者は、要介護者に雇用された正規の労働者としての地位を獲得できるところにその特色がある。その意味するところは、介護者には基本的な職業上の権利が付与されるということである(Jenson et al., 2001; 原田、2001)。そして、この報酬支払いが認められている被用介護者には、失業中の家族や親族も含まれることになっており、これまでインフォーマルであった家族介護者のフォーマル化がこれにより可能となった。しかし、配偶者間ではこの雇用関係を結ぶことはできず、また、要介護者の遺産が30万フランをこえた場合に費用返還義務が設けられている(Guyomarc'h et al., 2002)など、家族構成員に対する扶養義務による制約が大きい。[2] しかし、この給付により、多様な介護者の出現が可能となり、それと同時に介護の社会的評価も現実化していることは事実である。問題は、ここでも、オーストリアと同様に、家族の法的扶養義務の存在がその展開を制限する要素として作用しているということであろう。

他方、拠出制の介護保険制度を有するドイツでは、1995年から要介護者給付の支給が開始された。**表6-1**からも明らかなように、この要介護者給付は、現物給付としての専門的介護サービスの提供を選択した場合に介護エージェンシーに支払われる金額よりも5～6割低く設定されている。受給者は、これを家族・親族・友人・隣人などのインフォーマルな介護者に支払うことができる。他方、インフォーマル介護者に対しては、①年金保険料負担の免除による年金加入[3]、②労災保険適用、③4週間の休暇取得中ないし病気による一時的介護断念に対して代替要員派遣(ただし、この代替要員が同じく家族などのインフォーマルな介護者の場合には、表6-1にあるように低い料率の手当が支払われる)、④介護終了による職業復帰のための職業訓練費用の支給などが用意されている(Vollmer, 2000)。

表6-1　ドイツにおける要介護度別給付額

	要介護度1	要介護度2	要介護度3
a)　現物給付	750DM	1800DM	2800DM
b)　現金給付	400DM	800DM	1300DM
b)／a)×100	53.3	44.4	45.1

出典）Vollmer, 2000.

　こうして、ドイツでは、インフォーマルな家族介護者も介護保険制度を通じて一定の労働者としての性格を付与されており、同制度を介して旧来のジェンダー関係の転換を導き出す潜在力の存在を指摘することができよう。
　こうした要介護者に対する給付は、ケアサービス・モデルとして捉えられているスカンジナヴィア諸国においても近年その導入が指摘できる。たとえば、フィンランドにおいては、1980年代以降多くの自治体によって独自に提供されてきた家庭介護手当(home care allowance)が、1993年の社会福祉法およびインフォーマル・ケア支援法令に基づきインフォーマル介護者手当(Informal Carer's Allowance)として国レベルでの制度となり、要介護高齢者のニーズと要介護度に応じてミーンズ・テストなしに支給されている。同手当は、使途が限定されておらず、家族介護者や他の介護者の雇用に充てることもできる。家族介護者は「親族の介護者 carer of a relative」として被用者の地位を獲得し、基本的な職業上の諸権利と職域年金に対する権利を付与されている(Jenson et al., 2001; Evers et al. eds., 1994)。
　最後に、こうした要介護者に直接支払われる要介護者給付と家族介護者に支払われる介護者給付の両者を備えた制度が、いわゆるケアサービス・モデルとして捉えられるスウェーデンにおいて、現在ではいまだ精神障害者など一部の特定疾患に限定されているとはいえ導入がなされており、新しい介護給付の形態のあり方として注目に値する。すなわち、

スウェーデンでは、1994年以降精神障害者や自閉症など特定機能障害者の自立のための支援サービス法が成立したが、同法においては、要介護者本人に対する補助者による支援と同時に、家族も補助者になれると同時に補助者からもショートスティや息抜きサービス (relief service) などの支援が受けられる (Lars-Göran Jansson, 2002)。この制度は、現在までのところ65歳以下の特定機能障害者にその対象が限定されているが、彼らが65歳を過ぎても制度が継続される限り、高齢者介護にも拡大される可能性は否定できない。

こうした、多様な形態での要介護者および介護者支援は、介護の社会的評価の多様化を通じて、誰もが介護者でありうる社会、つまり新しいジェンダー関係を構築していく上で大きな力を発揮しうるものであろうし、福祉国家体制の差異を超えて普及しつつあることに注目する必要がある。要介護者を介して介護者に支払われる給付の額が賃金レベルとどの水準で関連しているか、また、社会保険料などの介護手当がどの程度整備されているかなどは、旧来のジェンダー関係の転換の潜在力を見る上で不可欠の要素であり、今後の研究の課題といえよう。今日確認できることは、要介護者に支払われる要介護者給付を通じて、家族によるアンペイド・ワークの社会的評価およびそうしたアンペイド・ワークの家族以外の担い手による社会的労働への転化が、福祉国家体制の差異をこえて展開していること、また、同給付は、以下で検討する介護者給付と相俟って、家族構成員、友人や知人、近隣の住民、NPOなどの民間ボランタリー組織、民間サービス事業者など介護サービス供給体制に多様化をもたらしていることである。

次に、介護者に直接支払われる介護者給付について見てみよう。前述のように、社会的ケアサービス・モデルと捉えられているスカンジナヴィア諸国とりわけスウェーデンでは、すでに1950年代から在宅ホームヘルプサービスが提供され、それが1960年代および70年代に一層の拡大を見た。この背景には、前章で指摘したように年金制度の成熟が老齢者に

自立を促す物質的契機を与えたこととともに、たとえばスウェーデンでは1956年に高齢者ケアを規定していた救貧法が社会福祉法に取って代わられ、「子どもが自己の親のケアに責任を持つ義務も廃止された」(Swedish Institute, 1999)ことが挙げられる。こうして、スカンジナヴィア諸国では、すでに1960・70年代には少なくともケアの社会化が施設・在宅ともに(もっとも、主として後者が前者の補完的位置づけをされながら)展開される状況が出てきていたということができる。

こうした状況のもとで、介護者給付は、スウェーデンでは家族介護者を地方自治体が雇用して支払う賃金という形態をとって存在し、現在でも7000人程度がこの制度のもとで雇用されている(Swedish Institute, 1999)。しかし、こうした福祉国家による雇用の提供は、主として女性に対するものだったことから、いわゆるジェンダー分業の固定化にもつながってきた側面が否定できないし、その点が批判もされてきた。しかし、今日の福祉国家再構築の方向性を考えたときに、福祉国家が直接雇用を担う方式は後景に退けられていることを考慮すれば、この賃金を介した介護者給付は今後主流となりえないことも推測される。その意味で、家族介護者の直接雇用による賃金という形態での介護者給付は一つの歴史的時期における限定された形態とみなすことができよう。

次に、賃金という形態をとらずに手当として支給される介護者給付を見てみよう。イギリスの障害者介護手当(Invalid Care Allowances)は、親族を介護する男性および独身女性のために、したがってケアに伴う所得喪失に対する補償的性格を付与されて1976年に創設された。しかし、1981年にはその支給が親族以外にも拡大されるとともに、1986年以降は欧州裁判所の判決に従って既婚女性にも支給を拡大することによって、所得補償的性格を後退させ、まさにアンペイドのケアワークに対する支払いとしての側面を強めることになった(Land, 1991)。

オーストラリアにおける介護者給付も同様な変遷を辿っている。オーストラリアにおける1983年の配偶者介護者年金(Spouse carer's pension)

は、ケアを必要とする障害年金受給者ないし老齢年金受給者の妻を持つ夫に対する年金として出発した。これは、明らかにケアに伴う所得喪失に対する補償を意味した。しかし、同年金は1985年には介護者年金と改称され、要介護の障害ないし老齢年金受給者を同居してケアしている親族へも支給を拡大することになり、さらに1988年には親族以外の介護者にも適用拡大するとともに、1996年には要介護者との同居の条件も撤廃された。しかし、雇用されている配偶者のいる女性は受給資格がないという点では、同給付が依然として被扶養者としての既婚女性の定義を否定していないことがわかる。他方、介護者に対しては、一定の範囲内での(週20時間まで)就労や教育・職業訓練の受講も認めるとともに、それらの基準も相次いで緩和し、1997年以降は介護者給付(carer payment)と改称され今日に至っている(Daniels, 1999)。

　以上、各国で展開されている要介護者給付および介護者給付の有り様を一瞥してきたが、現実的には、フィンランドのインフォーマル介護者手当受給者の80%が、またドイツでも登録されたインフォーマル介護者の97%が女性であることからもわかるように(Jenson *et al.*, 2001)、アンペイド・ワークの社会的評価の対象は著しく女性に偏っており、いわば「女性職」としての認知の域にとどまっているということができる。その意味で、ケアに対する支払いは、今日までのところ、ケアワークの社会的再編成においては一定のインパクトがあることを認めることができるが、旧来のジェンダー関係の変革や新しいジェンダー関係の構築という点では、極めて限定的な機能しか果たしていないことも事実である。しかしながら、これらの多様な形態をとったケアに対する支払いは、これまで見てきたように、配偶者間および親子間の扶養義務関係から夫婦、親子を解き放ち、家庭で行われるケアワークをケアの担い手の属性に関わりなく社会的労働に転化していく可能性を制度上備えつつあることも確かであろう。[5]つまり、フランスは別として、多くの国では、配偶者にも、また子どもにも、それ以外の人々にもその性別を問わず給付する仕

組みが制度上整えられてきているということである。この文脈からすれば、男性＝稼得者／女性＝被扶養の家族世話係に代表される男女の独自のジェンダー役割を強化する側面が強いように見えるケアに対する支払いは、要介護者給付であれ、介護者給付であれ、その給付水準の向上や社会権の充実など現行の社会的評価をさらに拡充させていけば、セインズベリいうところの各人稼得者＝家族の世話係体制を現実化する機能を発揮できる可能性を秘めているということである。ジェンダー・ポリティックスの今日的課題もまさにそこにあるということができよう。

結論　新しいジェンダー関係の構築のために

　これまで見てきたように、第二次世界大戦後の福祉国家が前提としてきた男性＝稼得者／女性＝家族の世話係というジェンダー関係は今転換期にある。一方では、とりわけ1960年代以降のほぼ一貫した女性の雇用労働への進出が、賃金・脱商品化のための諸制度などをめぐるジェンダー平等の実現を目指す動きを通して、従来のジェンダー関係と摩擦を引き起こしている。他方で、子育てや老人介護など、従来アンペイド・ワークであったケアの分野では、それらを社会化したり、社会的労働として社会保障制度に組み込み評価する動きが多様な形で広まってきている。ただし、このケアワーク分野に関しては、第一に、社会的労働化されても、いわゆる「女性職」の新たな形成であったり、社会的労働として評価する場合においても、家族の扶養義務責任が前提とされ、とりわけ妻の側のケア責任が最終的に求められるなど、旧来のジェンダー関係の変容が緩やかにしか進行していないことが多い。しかしながら、この変容は、確実に生じているものであり、全体としてこれまでのジェンダー関係が転換期にあることは疑いえないことである。

　それでは、新しいジェンダー関係はどのように構築されているか、またされるべきか。セインズベリは、各人稼得者＝家族世話係という関係

を一つの理想のタイプとして想定した。この関係は、男性も女性も、稼得者であると同時に家族世話係として、**自立しながらも共同性を保つことを可能とするジェンダー関係**だからであり、それを一つの理念型としたのである。[1]

　この各人稼得者＝家族世話係が新しいジェンダー関係として普遍性を持つためには何が必要とされるであろうか。それへの回答は、いかにしてこの関係を構築していくかという問いに対する答えの中に含まれるものであろう。前者の領域に関して、稼得をもたらす労働の場面におけるジェンダー平等の課題は、第二次大戦後の歴史の中で比較的明確化されてきたといえるし、本書でも第三章、第四章で詳細に論じている。これに対して、家族世話係の領域では、つまりケアワークの分野に関しては、ケアワークの社会化の度合いや社会化されたケアと私的なケアとの組合せの問題、私的なケアに対する社会的評価のあり方や問題点など、ジェンダー平等実現のために必要とされる事柄に関して、またそのための個々の具体的政策課題に関して国際的に見ても合意形成がなされるところまでには至っていないように思われる。それは、まさに、新しいジェンダー関係構築の課題が、このケアワークの再編成をめぐって追求されるべきであることを示唆している。本書の分析もこの点では未だ不十分であり、研究は緒に就いたばかりともいえる。今後の課題は、まさに、このケアワークの社会的再編成をどのような組合せで行っていくかを、各国の具体的動向を把握し総括することを通じて検討することであろう。その際、社会化されても過度の「女性職」を形成せず、また社会的評価に際してもその評価の対象が圧倒的に女性の労働であるようにもならず、いずれの組合せをとろうが一方の性(女性)にケアワークが偏らないために求められるものを追求する必要があろう。この文脈からすれば、家族の扶養義務責任からどれぐらい遠ざかったケアワークの社会的評価を日常的に構築していくことができるかがキー・ポイントとなろう。というのも、繰り返しになるが、男性＝稼得者／女性＝被扶養の家族世話

係というジェンダー関係の克服にとってそれは欠かせないことだからである。

本論 注

注

序章　戦後福祉国家におけるジェンダー関係

1　より正確にいえば、ベヴァリッジ自身は「福祉国家」ではなく「社会サービス国家」という言葉を用いることによって自己のプランを特徴づけていた。それはともかく、彼は、「解放後、ベヴァリッジ報告が西欧諸国で設立されるべき新たな社会保障の諸形態に適合するかどうかを議論するために他のヨーロッパの国々を訪問するよう招待を受け」(Leaper, 1992:30)たこと、また、ベルギー、オランダ、デンマーク、ノルウェー、スェーデンおよびフィンランドなどの北西ヨーロッパにも直接出かけていること(*ibid.*)などを考慮すれば、第二次世界大戦後もベヴァリッジ報告の影響力は継続しているということができる。

2　たとえば、1943年以降、ウィンブルドンで戦後フランスの社会保障プランを練っていたラロックは、ベヴァリッジ報告の影響を受けながらもベヴァリッジ・プランとは異なり「社会保障への国家基金からの部分的財政支出を拒否した」(Leaper, 1992:31)。

3　ベヴァリッジ・プランは、周知のように全国民を六つのカテゴリーに区分し、「主婦、すなわち労働年齢にある既婚の女子」(ベヴァリッジ／山田監訳, 1969：パラグラフ19:11)を労働年齢にある四つのカテゴリーの一つとして位置づけ、「夫の拠出にもとづいて……出産一時金、寡婦および別居に対する措置、ならびに退職年金受給資格が確保される」(同上：11-12)こととした。

4　ただし、ここでいうアンペイド・ワークの評価とは、国連などを中心として取り組まれてきているアンペイド・ワークの主としてGNPによる換算とは性格を異にする。この国連を中心としたアンペイド・ワークの社会的・経済的評価が、国際的には家事労働論争から導き出されたものであること、また、実際の評価の具体策としては労働時間短縮やワークシェアリング、育児・介護などに対する社会サービスの充実などが挙げられることについては、竹中(2002年)参照。なお、本書は、同じくこの家

事労働論争の中から生まれ、精緻化されてきたケアワークの社会的評価の有り様とそれを介した従来のジェンダー関係の変容がいかに進展しているかという観点からの研究(Land, 1978; 1983, Graham, 1991など)の延長線上に位置づけられるものであり、竹中とは視点を異にしている。

5 たとえば、1933年に設立された「女性の健康に関する調査委員会(The Women's Health Enquiry Committee)」が主として労働者階級の既婚女性1250人を対象に実施した調査結果をもとに編まれた『労働者階級の妻たち：彼女たちの健康とその状態』(Rice, 1939)は、当時の女性の家事労働や毎年のように続く出産・育児がどれだけ過酷なものであったかを、その住宅事情などを加味しながら克明に記している。それは、「健康状態がいかなるものであれ、夫と三人ないしそれ以上の子どもからなる家族全部のための仕事を行う母親は、今日の状況のもとでは大仕事を持つ」(ibid.:96)ことを意味したのである。

6 ベヴァリッジのこの視点からの歴史的評価に関しては、1980年代前半には少なくともイギリスの一部のフェミニストの間では認識されており、上述のウィルソンだけでなくP.セインも以下のような指摘をしている。すなわち、「ベヴァリッジは、就業していない主婦にも公正な扱いがなされるべきだということに特に関心があった。……彼は、主婦の労働が賃金労働と同じくらい社会的・経済的に重要であり、社会保障制度のもとで平等な評価が与えられるべきであると主張した」(セイン／深澤監訳、2000:291)と述べている。

7 この観点からすれば、ベヴァリッジが「労働年齢にある既婚の女子」というカテゴリーを設定したことの意義もよりよく理解されよう。大沢真理は、ベヴァリッジの国民区分における女性の位置を単に「『主婦』という区分」とのみ捉えることによって、ベヴァリッジがわざわざ「主婦、すなわち労働年齢にある既婚の女子」という表現を用いて彼女たちの無給の家事労働を評価した点を見逃している(大沢、1995)。その後においても、ベヴァリッジ報告の被保険者区分における「主婦」(ここでも単に主婦とのみ表記)というカテゴリー設定に関しては、「『男性世帯主』モデルの結婚と家族のあり方が、現に大多数を占めるという事実判断と、そうした結婚と家族が『国家的利益の見地から』望ましいという価値判断」(大沢、1999:

102)がその背後にあったことを強調するのみで、なぜ主婦を「仕事をもっている特別な被保険者」としてベヴァリッジが位置づけたかについては明確な説明がなされていない。ベヴァリッジの「男性世帯主」モデルのみに関心が向けられているということであろう。

8 　なお、年金およびその後創設されることになる失業給付などの諸制度が、当初はエスニック・マイノリティその他のグループを排除していたという問題があったことも付け加えておかなければならない。しかし、ここではジェンダー関係にのみ問題を限定する。

9 　オーストラリアのベヴァリッジ報告ともいうべき一連の報告は、1941年に設置された前述の社会保障制度改革に関する両院議会委員会によってなされた。同委員会は、「家族賃金原則を所得保障にも拡大し、年金受給の『世帯主 breadwinner』が家族構成員に対する経済的役割を果たせるようにする」(Shaver, 1987 : 421)ことを当然視していたという点で、ベヴァリッジ・プランにおけると同様のジェンダー関係を想定していたということができる。

10 　なお、配偶者の老齢年金収入の所得調査からの控除は1947年に部分的に認められ、1973年にはそのすべてが控除対象となった(Daniels, 1995)。

11 　とはいえ、「カナダのベヴァリッジ報告」と呼ばれている1943年のマーシュ報告(Marsh Report)は、男性＝稼得者／女性＝被扶養の家族世話係というジェンダー関係を前提としていたにもかかわらず、有業既婚女性の処遇に関しては独自性を有していた。つまり、男性＝稼得者／女性＝被扶養の家族世話係という関係については、廃疾年金を例にとれば、同報告は「既婚[廃疾]年金受給者は、少なくとも二人の『最低扶助(assistance minimum)』分を提供するために、単身男性よりも高額の年金を受給すべきである」(Marsh, 1975 : 210)と提言し、また医療保険に関しても「男性の各拠出者には、同一レートの支払いが求められるべきであり、このレートは二人をカバーするように算出されていて、既婚男性の場合には彼自身とその妻をさすものである」(ibid. : 123)とみなされていた。それは、「カナダの産業で働く女性労働者の大部分は、実際結婚により労働市場から自発的に退場する」(ibid. : 212)ことを見込んでいたからである。しかしながら、他方で、マーシュ報告は、「女性は、単身であれ既婚であれ、自己に

匹敵する賃金階級にある男性労働者と同一条件の現金給付に対する受給権を有する」(ibid.)ものとし付や疾病期間中いる賃金等級別給付額を考慮すれば、カナダの諸事情に実施されて定[既婚女性の給付額を低く設定すること—引用者]が必要後者の規の余地がある。[受給額の]上限を検討する必要があるにすぎうか疑問ことはありうる」(ibid.:213)として、有業既婚女性を給付額で差をというとを支持しなかった。これは、明らかにベヴァリッジ・プランの立場は異なるものであり、マーシュ報告自身もその差異を自覚していた(ibid.)。これが、カナダにおける独自の賃金理解(ibid.:57-59)に加えていかなる要因に由来するかは、今後の研究課題として残されている。

第一部　福祉国家のジェンダー分析の到達点と課題

第一章　福祉国家のジェンダー分析の展開

1　たとえば、既婚女性の就業率は、1961年で35%、1971年には49%、さらに1981年には62%と一貫して増加傾向を示した(cf. Lewis, 1992b:65)。

2　家族世話係として女性の担う、とりわけアンペイドのケアワークを、社会保障制度をはじめとした多様な角度から研究の対象にしていく作業は1980年代に本格的に開始されることになる(Graham, 1983)。そして、90年代には「ケアに対する支払い(payments for care)」という分析概念を用いて、男性＝稼得者／女性＝被扶養の家族世話係というジェンダー関係を転換させていく可能性を持ったものとして、ケアワークの社会的評価が注目されることになるが、これらの点については、第六章で詳しく展開される。

3　この点は、スカンジナヴィアのフェミニストが主として主張した福祉国家の持つ「人間解放の潜在力」に連なる考えとして位置づけられよう。

4　この家族賃金イデオロギーをめぐる1980年代のイギリスを中心とした研究状況、およびその成果については木本(1995)参照のこと。

5　この点については、序章第2節(特に注6)参照のこと。

6　これらの分野でのまとまった成果は、1990年代に入って現れてきている。

104　本論 注

...rison(1996), Briar(1997)など参照のこと。

7　たとえ...から、「家庭内で親業やケアの責任を平等化し、あるいはより...資源の配分を保証するような意思がないことがはっきりしている。公...は、経済的目的のためにカップルを自立した個人として取り扱う...向に向かう政策には固有の重大な危険がある」(Lewis, 1983:5-6)という警告も出され、家庭内の性別役割分業の変更を伴わない社会保障制度や税制における安易な個人単位化の主張を戒めている。

8　ここでは、Hernes(1984)および(1987)を主として取り上げるが、前者は後者の本にほぼそのままの形で収録されている。

9　ここでスカンジナヴィア諸国として理解しているのは、スカンジナヴィアの研究者が用いている、以下のような定義に基づく国々である。すなわち、「スカンジナヴィアとは通常スカンジナヴィア半島(ノルウェーとスウェーデン)あるいはスカンジナヴィア語圏(デンマーク、アイスランド、ノルウェーおよびスウェーデン)を指すものであるが、……フィンランドをも含む地域のことを指すものとして用いる」(Sipilä, 1997:3)。

第二章　フェミニスト比較福祉国家研究の進展

1　この文脈からすれば、「先行研究があきらかにしてきたように、発展した資本主義国であるという属性は共通していても、それらの国がおのおのの質的に異なる性格の福祉国家グループに別れるとすれば、異なる型の福祉国家が、ジェンダーという社会的な男女関係や家族関係に与える影響もそれぞれ質的に違ったものであるはずであろう」(北、1997:178)という理解は、1990年代のフェミニストの関心とは異なっている。フェミニストが問題としたのは、すでに指摘したように、そもそも福祉国家の影響力のジェンダー差を無視して組立てられた類型化論そのものであり、それにより同一類型内部におけるジェンダー関係の特質や変容の程度が見失われてしまうことなのである。

2　後に、彼は、保育や高齢者ケアなどに対する公的支援の範囲などを考慮した「脱家族化」指標、および失業中の若者が両親と暮らす度合いや子どもと暮らす高齢者の割合などを考慮した「家族主義」度という指標を用いて「南ヨーロッパ」型福祉国家レジームを析出した(エスピン=アンデルセ

ン、2001)。しかし、彼のこの作業は、フェミニストの関心事である福祉国家がジェンダー関係にどう作用しているかという観点とはややずれている。

3　したがって、シーロフの指標に関する以下のようなまとめは、彼の試みの持つ独自性を見失うことになろう。つまり、「シーロフは……ジェンダー・センシティヴな福祉国家論の構築という目的から次の2つの指標を示した。すなわち1つは、男性に比しての女性の労働条件の良好度であり、もう1つは家族向け福祉政策の発展度である」(北、1997:179-180)と総括することは、明らかに家族給付が誰に配分されるかという彼の指標をネグレクトすることになる。しかし、前述のように、「ジェンダー・センシティヴ」という点からすれば、アンペイド・ワークの社会的評価とそれが誰に配分されるかというこの家族給付をめぐる指標は、ジェンダー関係の特質やその変容を見る上で極めて重要な位置を占める。この点にこそ、シーロフの積極的側面が見出されるのである。

4　こうしたアメリカにおける母親のための諸政策の形成に果たした女性の役割の強調に対しては、「ほとんどの先進国で女性によって展開された同様の運動の広がりやその有効性を過小評価することになる」(Thane, 1996:110;セイン／深澤監訳、2000:138)という批判がある。

5　この点については、すでに序章で、1911年国民保険法のジェンダー分析において一つの具体例が示されている。

6　なお、1995年には、「強度の男性稼得者国家」にドイツが、「中度の男性稼得者国家」にはベルギーが、また「低度の男性稼得者国家」にはデンマークが新たに追加されている(Ostner and Lewis, 1995:186)。

7　たとえば、自由主義的福祉国家内部の比較を行ったものとして、(O'Connor et al., 1999)が挙げられる。同様に、社会民主主義的福祉国家内部の比較分析については、(Sainsbury, 1999)がある。

8　この点からすれば、横山(2002)の戦後日本の公共政策分析ツールとしてのセインズベリ「個人単位モデル」の部分的活用には、セインズベリ「モデル」に含意されているこの動態的・相互規定的関係を見出すことは困難である。

第二部　女性労働政策から見た新しいジェンダー関係構築に関する分析視角
第三章　女性労働政策の新しい分析視角

1　しかし、序章で指摘したように、ベヴァリッジ・プランではアンペイド・ワークと結びつけられて主張されていた。

2　とはいえ、後に第四章で見るように、アメリカやカナダなどは、こうした国際的動きとは相対的に独自に自国の政策を追及している。

3　この文言は、後に言及するILO165号勧告の第8条2項に「積極的」という言葉を除いてそのまま挿入されている。

4　ただし、注意すべきは、これはあくまでも保護立法の見直しであって廃止ではない。なお、塩田咲子は、女子差別撤廃条約から直接このILOの転換を導き出している点で、また同条約における女性保護立法の取扱いに関して、「従来の女性の保護条項のうち、妊娠・出産に直接関わる保護は維持するが、それ以外の保護は、女性の職業への機会均等を確保する上で、科学的・技術的知識に照らして修正、廃止、または男性にも適用していくとの見地が打ち出された」（塩田、2000：108）とまとめている点で、二重に不正確のそしりを免れない。第一点に関してはすでに見た通りであるが、第二の点に関しては、女子差別撤廃条約はその第11条で、「本条に含まれる事項に関する保護立法は、科学的・技術的知見に照らして定期的に再検討するとともに、必要ならば修正、廃止、あるいは延長されなければならない」（引用者訳）として、女性の保護条項を妊娠・出産とそれ以外で分けて考察してはいない。いずれにせよ、ILOのその後の動向は、まさに1975年に自らが行った「決議」の線に沿って、しかも、後に言及されるように、「すべての労働者への適用拡大」を目指して進んでいる。

第四章　M字型就労サイクル脱却から見た比較福祉国家研究

1　他方、シーロフの家族福祉重視度に盛り込まれた項目に関しては、女性労働と直接関連させられるのはもともとウィレンスキー（Wilensky）によってなされた出産・育児休暇や公的保育の国別ランクづけであろう。しかし、それらの指標に関しては、何よりも単なる財政的支出ではなく、それら諸制度のジェンダー平等度（男性にも育児休暇が認められているか、

あるいは男性への取得の強制が存在するかなど）や職場復帰保障の程度など、いかなる内容を備えているかが重要であり、さらにM字型脱却との関連で家族福祉の有り様を見る場合に重要なのは、これらに加えて、たとえば女性が働くことを社会的に奨励したり支援するような税制や社会保障制度などが存在するか否かということであり、シーロフの家族福祉重視度のランクづけから女性労働に関して直接何らかの結論を出すことはできないだろう。

2 とはいえ、この「女性の労働願望」をプロテスタント的倫理と短絡的に結びつけることには問題がある。歴史的には、家族賃金イデオロギーのもとで、女性が家庭に留まることを選択ないし強制された時代があったし、また、第一次および第二次世界大戦によって動員された女性が戦争の終了とともに再び家庭に帰るのを受容した／させられた時代もあったことを忘れてはならない。イギリスでは、1975年の性差別禁止法によってはじめて女性に対して「平時においてあらゆる範囲の男性職に恒久的に平等にアクセスし、かつその内部で恒久的に平等の機会を与えられる」(Briar, 1997:115)可能性が生まれたが、このことは、ここでシーロフが問題としている「女性の労働願望」が第二次大戦後の新しい動向であることを示唆するものである。

3 OECDは、1970～1980年までの性別職業分離を指数化した結論として、「すべての[OECD]加盟国をこえて、女性は事務およびサービス職業に、男性は製造および運輸業に集中する傾向がある、という顕著な類似のパターン」(OECD, 1985:47)が存在することを強調している。しかし、女性に関する限り、長期的傾向としてはそれが指摘できるとしても、本文でも述べているように、女性労働力の動員過程ではまさに各国による差異が形成されるところに特色が見出される。

4 1998年6月のILO総会に提出された事務総長報告では、1996～97年を振り返ってさえ、依然として「世界の労働者の半数近くが性を刻印された職業に従事しており、そこでは、少なくとも労働力の80％が一つの性によって占められている。……農業以外の職業で女性が優勢なものが、男性のそれより7倍以上も多い」(ILO, 1998a, 2)ことが指摘されており、世界全体としては、依然として職業に関するジェンダー間分離が解消されて

いないことを問題としている。
5　職業分類まで降りた日本の女性労働の特色については、大沢(1992a, 1992b)が詳しい。
6　このアファーマティヴ・アクションは、機会の平等から結果の平等を目指す動きの中で出てきたものであり、「歴史的・構造的に差別されてきたグループ(人種・民族的マイノリティや女性)に対して、過去の差別がもたらしている弊害を除去して、雇用や教育などの基本的権利に関する機会均等を実質的に達成するためにとられる積極的措置・施策」(東京女性財団、1996:267)と定義されている。
7　ここでは、福祉国家の類型による対比ということでプロテスタントの自由主義福祉国家に分類される国々のアファーマティヴ・アクションに言及しているが、このことは北欧諸国やフランスにその制度が存在しないことを意味しないことはいうまでもない。たとえば、スウェーデンでは1991年機会均等法で、またフランスでは労働法典において、それぞれ積極的是正措置が規定されている(東京女性財団、1995:164; 177-178)。なお、スウェーデンについては北(1994)も参照のこと。
8　時間外労働に関しては、「激変緩和措置」として、育児や介護に関わっている女性に対してはそれまでの150時間を一定期間上限とすること、深夜業に関しても、同様な理由の場合の申請・免除を設けているが、この期間は2002年3月31日で終了する。
9　現に、ILOのその後の条約は、夜業に関する条約(第171号条約)に典型的に見られるように女性労働者にも夜業を認めることによって旧来の「保護」を外す代わりに、夜業労働者全般の保護基準を高めており、「すべての労働者に適用拡大する」途が選択されていることがわかる。
10　この傾向はイギリスを除くEU加盟の国々についても基本的には当てはまり、とりわけデンマークでは雇用されている女性のほぼ半数が公的部門で働いているとされている。しかし、同時にそこでの問題点として確認しておくべきことは、これら女性雇用の多くがパートや有期限雇用という形態をとっていることである(Meulders *et al.*, 1993:47-49)。
11　この点については、1995年の雇用保険法改定により「育児休業給付」が新設された理由が、1975年法に規定された教員や看護婦等に対する「育児休

業給」との均衡を保つためであるということからすれば、公務員に対する制度が(若干時期のずれはあるものの)一つの基準をなしているということは否定できないことである。

12　なお、パートタイム労働者と臨時労働者に関しては、賃金その他の労働条件および社会保障に対する同等待遇を提起し、また、パートタイム労働者がフルタイム雇用へ復帰する権利やフルタイム雇用の確保の権利を認めている。後者は、後の1994年の「パートタイム労働」に関する条約に基本原理として引き渡される事項でもある。

13　とはいえ、現実における各国の政策レベルでは、このILOの包括的視点が変質させられ、「労働と家族責任との調和」を通じて「雇用に関して自由な選択権を行使する」システム構築は、事実上「ケア労働を家族が担うのに力点が置かれる政策」のみに収斂させられてしまう可能性も否定できない。そのため、一部には、「労働と家族責任との調和」政策を、「『家族すること』を支援する」(渋谷、1998)政策と位置づける議論もある。しかし、国連やILOの「労働と家族責任との調和」を目指す政策の歴史的パースペクティヴからの評価については、現実の政策批判から導き出される評価と混同してはならないだろう。なお、この点に関しては、竹中(1998:140-143)も参照のこと。

14　もっとも、正確にいえば、OECDの調査が明らかにしているように、「課税単位は、既婚女性の仕事の決定を左右する際に、必ずしも税制の決定的要素を占めるわけではない……現実には、既婚女性の税負担は、課税単位、税控除、および税率の構造間の相互作用の結果として存在する」(OECD, 1985:154)のである。

15　国家の強制力との関連でいえば、たとえばアメリカでは「1988年から92年にかけて性差別に関する裁判で企業側が敗訴し、雇用者に支払った金額は、平均で25万5734ドル(約2740万円)にものぼる。しかもこの金額は年々上昇傾向にある」(大沢真知子、1998:61)ことからしても、それがかなり実効性を有することが窺える。

16　長期的なこの経済不況のもとで、年々大幅な就業者の減少を記録している建設業において、2001年段階でさえ600万人強の就業者がいるのであるから、政府発注を通じたジェンダー平等の実現という途は大きな可能性

を秘めた方策といえよう。なお、企業に対してパート労働者と通常の労働者との間に均等待遇を求める「パート労働者等労働者と通常の労働者との均等待遇の確保等に関する法律(仮称)」の実現を目指している、衆参両院の野党や無所属議員56人で構成される「パートタイム労働者等の均等処遇を実現する議員連盟」は、「国の入札・契約のあり方を検討する」という一文を同法案に盛り込むことによって発注者としての国家の力を利用して均等待遇を確保しようという考えを打ち出している(『日本経済新聞』2002年12月20日夕刊)。こうして、日本でも、この発注者としての国家の力を活用するという発想は広まってきているといえる。

第三部 社会保障制度における新しいジェンダー関係構築に関する分析視角
第五章 社会保障制度におけるジェンダー関係の変革とILO

1 ここでは、フェミニストによって「労働」と捉えられ、広範な意味を込められているケアのニュアンスを伝えるためにできるだけケアをそのまま用い、それに対応する日本語の「介護」の使用は最小限に押さえた。

2 しかし、正確には、ILOはピエール・ラロックを長とする10人の専門家からなる委員会の事務総長宛ての社会保障に関する報告書を1984年に刊行している(ILO, 1984)。その中で、社会保障と女性との関係を、とりわけ男女の均等待遇という観点から論じている。そこでは、わけても既婚女性の社会保障受給権を夫の被扶養者としてではなく固有の権利として編成することの重要性を強調し、育児や介護期間および失業期間を社会保障制度に算入すること、それらが得られない女性(男性)に関しては夫(妻)の持つ受給権の半分を自己の名義として確保できるようにすることを提案していた。この措置は、ベヴァリッジと同様に、「彼[夫]に対してフルタイムの主婦をしている、あるいは彼の農場や事業において無給のパートナーであることの価値を認める」(ILO, 1984:41)ことから導き出されている。なお、この報告書についての解説は、相澤(1996)、塩田(2000)参照のこと。ただし、前者では、特に女性と社会保障との関係についてふれておらず、後者に関しては若干恣意的な整理がなされている(塩田、2000:109-110)。

3 この社会保障制度における男女の均等待遇という原則に関しては、1970年代後半以降、年金支給開始年齢の男女同一化、遺族年金における男女均等待遇、失業給付や疾病給付における既婚女性に対する差別撤廃など、多くの国において大きな前進が見られた。
4 遺族給付の有り様についても、ジェンダー関係の変革という観点からは比較のための重要な指標となろう。というのも、女性＝被扶養の家族世話係というジェンダー関係をどの程度遺族給付のあり方が克服しているかを知ることができるからである。しかし、この点は、著者の今後の課題として残されている。

第六章 高齢者ケアワークの社会的評価の多様化と新しいジェンダー関係の構築

1 上記の区分に対しては、前述のように、ボランタリーの介護者に支払われる名目的・象徴的な給付を特別に取り出して扱ったり、租税や社会保険料による優遇措置を独自に位置づけるアンガーソンなどの考えも見られる。しかし、本章では、とりわけ後者に関しては手当として単独で存在することは少なく、要介護者給付やとりわけ介護者給付に付随して存在していることから、要介護者給付／介護者給付の大きな区分で十分課題に接近できるものと考え、特別に区分して検討することはしない。
2 なお、2002年1月1日からPSDに代わって実施されている「個別化自立手当 Allocation personnalisée d'autonomie：APA」では、相続財産・贈与財産に対する費用償還制度を廃止した。この点については、深澤敦(2003)参照のこと。
3 1999年に、介護金庫から年金金庫に支払われたインフォーマル介護者の年金保険料は約60万人分20億ドイツ・マルクをこえたとされており、これだけでも「実に、新たな介護保険制度の成功である」(Vollmer, 2000)と行政当局は捉えている。
4 スウェーデン以外の国々としては、1964年にノルウェーが、1970年にはフィンランドが子どもによる親の扶養義務を廃止した(Sipilä, 1997:33)。ただし、デンマークに関しては「この責任が法に規定されたことは一度もなかった」(ibid.)。
5 注意すべきは、国によっては親族以外の介護者が移民やエスニック・マ

イノリティに偏る傾向もあるということである。こうしたケアワークの社会化の過程で生じてきている多様な問題に関しては、ジェンダー以外の人種や階級も視野に入れた分析視角が求められる(Graham, 1991)。

結論　新しいジェンダー関係の構築のために

1　この文脈から、現在のところは、男性＝フルタイム労働／女性＝パートタイム労働によって問題が残されている「オランダ・モデル」、すなわち「1.5名稼得者モデル」も、「労働時間短縮、あるいはパートタイム労働の拡大によって週30時間程度の時間を男女がともに一定量の労働に従事し、ケアやその他の家庭生活の時間も十分確保する、0.75+0.75=1.5名の稼得者モデル」(水島治郎、2002：142-143)になれば各人稼得者＝家族世話係モデルの一つとみなされないこともない。しかし、労働時間の短縮という課題を実現していけば、パート労働に固執する必要性もそれだけ少なくなるのであり、この「1.5名稼得者モデル」には疑問が残る。

補　論

補論1　歴史の中の主婦労働 ——イギリスにおける母親手当要求のジェンダー分析

はじめに

　この補論1は、第二次世界大戦以前におけるイギリスの主婦の労働がいかなるものであったかを、主として雇用労働に焦点を当てて見たものである。そして、そうした現実の中で、当時の母親手当要求がどの程度その現実に対応しようとしたものであったかを考察することを試みたものである。ここでは、主として地域の実態調査に基づいた資料に依拠しているため、センサスや公的統計の網の目から零れ落ちた当時の主婦の雇用労働の「実態」がより鮮明に浮かび上がってくる。

　ここから導き出された結論は、当時主婦は決して無給の家事労働のみに従事していたわけではなく、低賃金ではあるが、とりわけ失業者の夫を抱えた主婦などにとっては極めて重要な家計収入を担っていた存在であったことが明らかにされる。この事実は、主婦＝被扶養の家族世話係というベヴァリッジ・プランの想定していたジェンダー関係を覆すものである。しかし、この主婦労働は、極めて不安定であり、また女性自身も家計の緊急事態に対応する一時的措置と考えていたし、こうした不安定な労働は、当時成立していた失業保険や医療保険などに組み込まれる

こともなかった。本補論は、本書序章でもふれている家事労働の過酷さに加えて、こうした主婦の雇用労働の重要性を視野に入れることによって、ベヴァリッジ報告の「労働年齢にある主婦」に対する彼の社会保障提案の歴史的意義の評価に豊かな判断材料を提供してくれるであろう。

第1節 主婦の雇用労働・無給の家事労働

1995年9月に北京で採択された第4回世界女性会議の行動綱領は、家事労働や地域社会の労働など女性が担っている「無給労働 unpaid work」にも言及したが、とりわけ家事労働に関しては近年それを統計的に目に見える形で量的に測定する試みが活発化している(本多、1996)。他方、社会保障制度の領域においても、とりわけ主婦の家事労働・ケアワークを年金制度や疾病手当に組み込む動きも近年盛んになってきている。その意味するところは、「明示的にせよ暗黙裡にせよ、彼女ら[家庭にいる女性]が家庭で行っている仕事の価値」(Brocas et al., 1990:88)を社会的に評価するということなのである。

こうして、今日においては、とりわけ主婦の家事労働を貨幣タームで社会的・制度的に評価していく流れが現実に進行しているのであるが、この動きの評価については細心の注意が必要とされよう。というのも、こうした主婦の家事労働の社会的評価は、一方で家事労働も「社会的労働」として位置づけられうることを意味すると同時に、他方では、そのことによって家庭内の性別役割分業が固定化され再生産される側面も否定できないからである。とりわけ後者に関しては、従来の福祉国家研究が欠落させてきた視点、つまり「女性の男性への経済的依存にソーシャル・ポリシーがいかに影響を与えるか、またその維持にいかに関わっているか」(Sainsbury ed., 1994:4)という視点から、近年フェミニストによって展開されている福祉国家のジェンダー分析の試みと深く結びついており、多面的かつ慎重な検討を要する問題を含んでいるからである。理論[1]

的レベルでは、「家事労働は社会的労働か」「家事労働は価値を生むか」「家事労働は搾取されているか」など今日でも論争は続いているが(中川、1994；大沢、1994)、これまでの文脈から見れば、今日必要とされるのは、そうした理論的解明と同時に、主婦の家事労働を主として社会保障制度などによって社会的に評価することが、各国で誰のどのような論理に基づく要求と運動によって制度化され発展してきたのかを明らかにする作業であろう。こうした歴史的文脈の中にそれを位置づけることによってはじめて、今日の主婦労働の社会的評価もその意義が単純化されずに多面的に理解されるであろうし、女性の独立・自立・自律を可能にする「女性を支援する women friendly」福祉国家の再構築へ向けた議論の活性化の素材ともなることができるであろう。

　本補論では、以上の観点から、イギリスにおいて20世紀初頭からフェミニストや社会主義者の女性によって活発に展開されてきた母親手当(endowment of motherhood, mothers' endowment)要求運動の基礎に置かれた考えに焦点を絞って検討し、その意味するところを考察することにする。

　ところで、イギリスで20世紀初頭に頻繁に用いられるようになった「母親手当」という言葉に含まれるものの中味は、今日マリアローザ・ダラ・コスタいうところの「家事労働に賃金を」(ダラ・コスタ／伊田・伊藤訳、1986)的なものから、単に限られた一時期に支給される出産手当に至るまで、極めて幅の広いものであって、それを要求する人々の間でも一致した内容を備えておらず、また、その目的とするところも、女性の経済的自立から、国民の体位向上による民族の優位性の維持など、多様な狙いが込められていた(Hunt, 1996；今井、1992)。また、母親手当を家族手当として編成し直し、1917年に家族手当委員会を組織してその実現のために奔走したエリナ・ラスボウン(Eleanor Rathbone)にあっても、当初の「家族手当は子どものための手当と母親への賃金を提供することを目指している」(Lewis, 1994：73)という立場から、1925年に同委員会が家族手当協会へ発展した段階では「母親の経済的自立よりも……子どもの貧困

問題」(*ibid.*:85)に関心が移されており、家族手当は具体的には児童手当として構想されていた。この限りでは、母親手当の具体的形態をどの制度に見出すかも一様でないし、また「家族手当法案の成立がある一つの集団の力に帰せられることはありえない」(*ibid.*:74)ということは想像にかたくない。

　しかしながら、とりわけ第一次世界大戦を挟んでイギリスの社会政策の中には、主婦を対象とした給付が徐々に追加・新設されてくるようになる。1908年には男女平等の年金支給(ただし、夫婦の場合には減額)を約束する無拠出老齢年金制度が成立し、また、1913年には、1911年健康保険法改定により出産手当が被保険者の女性および被保険者の被扶養の妻に直接支払われるようになった。そして、第一次世界大戦中の兵士の妻に対する別居手当(separation benefit)や1925年の寡婦・孤児・老齢年金法、1921年の失業保険制度における扶養手当の臨時的導入とその後の同手当の恒久化など、新たな原理が次々と社会政策の中に埋め込まれてくるようになるのである。今、求められているのは、こうした諸制度を、今日の視点から一括して家庭内の性別役割分業を前提しそれを固定化するものとして早急な評価を下すことではなく、各々の制度の含意とその女性の意識や地位や役割に与えた社会的影響を歴史具体的に検討することであろう。そのことが、安易な単純化による歴史的意義の見落としを防ぐ保障となるし、[2] こうした歴史的検討の積み上げこそ、まさに福祉国家のジェンダー分析を推進し、今日ではあまり使われることのなくなった言葉である「女性の解放」、あるいは真の意味での男女の機会の平等の実現の方向を考察する際に、豊富な判断材料を提供してくれるであろう。なお、著者は、1908年老齢年金法と女性との関連についてはすでに一定の検討を済ませているので(Fukasawa, 1996)、ここでは母親手当に関連した領域を取り上げることにする。ただし、研究は緒についたばかりであり、本補論ではもっぱら二次資料に依拠して研究の大枠を示すだけにとどめざるをえない。

第2節　労働者家族の主婦の労働の実態

　夫が家計の主たる生計維持者＝bread-winner であり、妻は家事・育児労働を担う夫の被扶養者として位置づけられる、という性別役割分業を前提にした家族に対応した賃金を「家族賃金」として理想化する風潮が歴史の産物であり、その大半は実態を伴わないにもかかわらず「19世紀末から20世紀初頭にかけて社会通念」(木本、1995：68) となり、今日においても社会的諸制度の前提をなし強力な影響力を持ち続けていることについては、これまでのフェミニストの諸研究が明らかにしてきたところである(同上)。母親手当が要求された20世紀初頭のイギリスにあっても、この「家族賃金」イデオロギーの影響力は根強く、したがって、当然、母親手当の要求も直接的にこのイデオロギーと関わりを持たざるをえなかった。そこで、まず、こうした要求の基礎をなした当時の主婦の労働の有り様を簡単に見ておくことにする。

　1911年のセンサスによれば、イングランドおよびウェールズにおける女性の年齢別労働力化率は、**資料1**に図示されているように、19歳をピークとしてその後24歳を過ぎると急速に低下している。1906年に出版された『女性の仕事と賃金』(Cadbury *et al.*, 1906)によれば、バーミンガムの女性労働者1000人に尋ねた結婚年齢は、20〜24歳の間に全体の80.5％が集中していた (*ibid.*：331)。両統計を安易に結びつけることには問題があろうが、こうした資料から、我々は、少なくとも結婚や出産を契機にかなりの数の女性が就労から離れることを推測することが許されるであろう。しかし、それと同時に、両資料から、結婚した女性の一定比率が就労していることを推測することもまた可能である。事実、上述のバーミンガムの調査では、女性労働者全体の23％が既婚女性および寡婦によって占められていた (*ibid.*：210)。とりわけ日雇いの雑役婦については、その83％が既婚女性であり、女性の小売商や路上売りについてもその半分近くは既婚女性であり、また工場労働者の場合には21％が既婚であった

(*ibid.*:210)。要するに、「既婚女性の場合には、有給労働は、家計がそれを要求するので、また要求した時に行われる日雇いの雑役や果物売りからなるしばしば臨時的なものである。同じく、かなりの数の既婚女性は、とりわけロンドン、またとりわけ洋服製造業・製箱業において見られるように『内職』に従事している」(Lewis, 1994:75)のである。[3]

それでは、こうした主婦の有給労働はどの程度の支払いを受けていたのだろうか？　再び前出のバーミンガム調査に依拠してその実態を見ることにしよう。既婚女性の平均賃金が算出されている職種についてのみ取り出してみたのが、**資料2**である。パブのマネジャーなど一部の職種を除いて、いかなる工場労働であれ、あるいはそれ以外の雑多な職種であれ、驚くほど似通った賃金水準が形成されているのがわかる。また、それと同時に、既婚・未婚を問わず、女性の賃金水準が同じレベルであったことも指摘しうる。ところで、この調査を実施した著者たちは、ラウントリー(Rowntree)がヨーク調査で貧困線を用いたことに倣って「バーミンガムでは、一定額の疾病・埋葬[クラブ]への支払いやより高い家賃を含んだ労働者家族の実際の生活を取り上げた場合、また、家族がしばしば5人以上の人数から成り立っていることを思えば、週当たり25シリングは、労働者階級の生活の低い満足水準を考慮してさえ、かろうじて効率よい諸条件を提供するに足りる額である」(Cadbury *et al.*, 1906:217)として、バーミンガムにおける最低生活費の額を示唆している。これを参考にすれば、上述の主婦の稼ぎは、とりわけ夫の収入が低かったり、不安定である場合にはなおさら「家計への貢献は決定的であった」(Lewis, 1994:75-76)ということができる。実際、時期は若干下がるが、1915年に出版された『既婚女性の仕事 Married Women's Work』(Black ed., 1915)において紹介されている労働者家族の家計収入の事例においては、家計支出に果たす妻の収入の役割が極めて大きいことが指摘されている。[4]

この傾向はいうまでもなく、女性が熟練労働者で男性が不熟練労働者のカップルの場合にはより一層当てはまる。つまり、「[不熟練]労働者

表 補論1-1　有給労働に就労・不就労女性における夫の収入(等)別比率

	工場・洗濯屋・雑役等で働いている女性	家事以外の仕事についていない女性
夫の賃金が25s.以上	26.26(％)	50.00(％)
夫の賃金が25s.以下	32.20	35.79
夫の賃金不明	15.43	10.17
寡婦	25.52	3.77
父親のために家事をしている未婚の女性	0.59	0.27
合計	100.00	100.00

出典) Cadbury et al., 1906 : 214.

と結婚した熟練労働者の女性は、しばしば、実際のところ主要な生計維持者なのであるが、それは、[不熟練]労働者の仕事が季節に応じて頻繁に変動させられるからであり、また、真っ先に景気後退の影響を受けたり改良された機械設備などによって賃金を切り下げられるからである」(Cadbury et al., 1906:212)。しかし、注目すべきは、不熟練労働者に当てはまるこの仕事・賃金の不安定性および不確実性が、実は、資料2からも推測されるように、ほとんどの女性の、とりわけ主婦の有給労働に当てはまるということである。[5] とはいえ、こうした不安定性・不確実性をはらみながらも、主婦の有給労働は労働者家族、とりわけ不熟練労働者家族にとっては、家計の不可欠な要素をなしていたことは疑いない。前出のバーミンガム調査でも、働いている既婚女性と働いていない既婚女性(一部未婚女性を含む)を比較した場合、**表 補論1-1**から、妻の就労は明らかに夫の収入によって左右されていることがわかる。ここでは、調査者たちによって独自に設定されたバーミンガムにおける貧困線となる25シリングが夫の収入の目安となっているが、働いている既婚女性の中で最も多いのは夫の賃金が25シリングに満たない主婦であり、また夫の収入を当てにできない寡婦である。外に出て働いていない女性の中で夫の賃金収入が25シリング以下の層が、25シリング以上の層とともに大きな比率を占めているのは、まさに主婦の有給労働があったりなかったりの不安定・不確実なものであることの一端を物語るものであろう。

いずれにしても、以上の事実から、労働者家族においては、「女性や子どもが男性の賃金によって扶養されているというチャンスがない」(Lewis, 1994:76)のが低所得層においては一般的であったことがあきらかであろう。[6]家事労働と工場労働、拾い仕事、内職など、労働者家族の多くの主婦は、家庭にとどまっていようが外に出てであろうが、実際何らかの形で働いていたのである。とりわけ外で働く女性の多くは、「この二重の生活[家事労働と工場労働]を、土曜日には洗濯と清掃をし、ウィークデーにはちょっとした世話や子どもがどうしているかを見るために両親や隣人を訪問して、やりこなそうとしていた」(Cadbury *et al.*, 1906:211)のである。こうした既婚女性が抱える家事労働と有給労働の二重の負担こそ、実態の伴わない「家族賃金」イデオロギーの産物なのであるが、こうした状況のもとで、女性は、とりわけ労働者家族の主婦は、自らの労働をどのように考え位置づけようとしていたのであろうか。

第3節 「女性の役割」イデオロギーと母親手当の結合
——社会主義者と母親手当

既述のように、「家族賃金」イデオロギーは、「19世紀末から20世紀初頭にかけて社会通念」となっていたばかりでなく、政策立案者、中産階級出身の社会調査家や慈善活動家などによって社会規範として位置づけられ、男性による家族賃金の獲得およびそれによる家族の扶養こそ、社会の安定に不可欠であるばかりでなく、男性の仕事に対するインセンティヴを保証するものであると理解されていた(Lewis, 1994:76)。より重要な点は、この「家族賃金」による「男性の扶養責任はヴィクトリア期の社会の安定の中心に据えられたものであり、社会的に認められる立派さ(respectability)や徳の証と同じように所有階級だけでなく**多くの無産階級にも受け入れられた**」(Pedersen, 1993:32、強調引用者)ことである。こうして、「家族賃金」イデオロギーが社会を席巻し、その帰結として、「男性は、女性と子どもを扶養することによって独立した行為者および市民に

なる」(*ibid.*:36) という考えが、社会的に影響力を行使するようになるのである。

こうした「家族賃金」イデオロギーの対概念として導き出されるのが「女性の役割」イデオロギーであるが、とりわけ労働者家族にあっては、限られた収入によって営まれる家計の管理者としての主婦の役割がことさら強調され、それは労働者家族の生活の質を決定するものとしての主婦の役割の重要性にまで高められていく。こうした文脈の中で、「多くの社会改良家たちは、いかなる工場においても既婚女性を雇用することを禁止する立法を支持する」(Cadbury *et al.*, 1906:211) ことになるのである。なぜなら、それが含意するところは、「女性が、増えていく家族によって必要とされるあらゆる家の仕事を行うと同時に、工場で一日を送るなんてことはできない」(*ibid.*) ということであり、そこから、子どもをほったらかしにすること、家族の健康に無頓着になること、あるいは家を散らかしっぱなしにすることなどに対する危惧が導き出されるからである。そして、実際、こうした危惧は、前出のバーミンガム調査においても、**表 補論1-2、1-3**に見られるように、母親が外で働いているか否かと関連づけた調査が行われるほど、根強い「女性の役割」イデオロギーが浸透していたのである。

したがって、こうした状況のもとでは、女性労働者自身も「もし家族全員を維持するだけのものが入ってくるならば、女性は家にとどまるべきである。なぜなら、子どもはより良い食べ物を得るであろうし、もっと良く見てもらえるから」(Cadbury *et al.*, 1906:212) と考えていたとしても

表 補論1-2 子どもの世話の状況

子どもの状況	働いている既婚女性	働いていない既婚女性
よく面倒見られている	41.12(%)	61.61(%)
まあまあ面倒を見られている	20.39	11.61
世話なし、ほったらかし	35.33	17.10
無回答	3.16	9.68
計	100.00	100.00

出典) Cadbury *et al.*, 1906 : 220

表 補論1-3　子どもの健康状態

子どもの健康状態	働いている既婚女性	働いていない既婚女性
健康	63.10 (%)	74.52 (%)
まあまあ健康	7.73	3.39
虚弱・ひ弱	23.02	12.74
無回答	6.15	9.35
計	100.00	100.00

出典) Cadbury *et al*., 1906 : 221.

不思議ではない。とりわけ「フルタイムの妻と母親の仕事を効率的に実行するための手段をもっていない」(Lewis, 1994:78) 当時にあっては、こうした女性自身による「女性の役割」の受容は、家族の福祉から見ても必要なこととみなされていた。その意味で、「家族賃金」そのものが、労働者家族の妻にとっては実現されるべき要求でもあり、そのことによって「余暇と自己啓発のための時間的余裕」(*ibid.*) が労働者の妻にも与えられることが期待されもしたのである。こうして、女性の側に性別役割分業の受容が指向されるのであるが、他方、男性労働者にとっても、資料2に示されたような賃金水準にある女性は、男性の賃金切り下げをもたらす強力なライバルであり、したがって、彼らにとっても、前述の多くの社会改良家と同様に、工場から女性を閉め出すことに同意する理由が存在したのである。そして、実際、衰退産業で絶えず男性の賃金カットの脅威にさらされていたことから女性の雇用に敵対的であった男性労働組合活動家は、「女性を強制的に閉め出すほとんどいかなる手段——それが同一賃金であれ、［母親］手当であれ、法的規制であれ、——をも進んで考案しようとしていた」(Pedersen, 1993:212) のである。今日、多くのフェミニストによって批判されている当時の熟練労働者の労働組合による女性閉め出し政策の根拠はまさにここに見出されるのであり、したがって、彼らもまた、「家族賃金」を獲得されるべき要求として位置づけていたといえるのである。もちろん、当時の状況がこのように要約されたとしても、「自分自身が稼ぐ1シリングは男性によって与えられる2シリングに値する」(Cadbury *et al*., 1906:212) として、自ら稼ぐことの重要性、言

い換えれば「何もかも自分以外の誰かに援助してもらうことを望まない」(*ibid.*:211)心構えを持った女性が存在したことも否定できないし、また、熟練労働者の中にも、たとえば植字工の例に見られるように、女性の働く権利を労働組合が制限することに批判的な見解が存在した事実を無視することもできないことはいうまでもない。[7]結局、こうした見解が少数派にとどまっていたことを、時代の制約として把握しなければならないということである。

　こうして、労働者家族の男女が性別役割分業を受容した上で「家族賃金」を獲得することを目指していた時期に出現した母親手当の要求は、それでは、どのような具体的形態や意義を持つものとして提起されたのであろうか。まず、「女性の解放」を主要な課題の一つとしていた社会主義者の言説を検討することから始めよう。

　エンゲルスの『家族・私有財産・国家の起源』およびベーベルの『婦人論』がイギリスの社会主義者、とりわけ社会民主連盟(The Social Democratic Federation, 以下SDFと省略)の党員に与えた影響に関するカレン・ハント(Karen Hunt)の最新の研究によれば、エンゲルスの『起源』は第一次世界大戦前においてはあまり流布せず、ベーベルの『婦人論』の方が広く読まれており、それを通して「社会主義者にとって女性問題は女性労働者問題から切り離して独自の考察を必要とするものではない。……『女性の男性に対する経済的従属』と定義される女性問題は、より多くの女性が労働市場に入っていくにつれて後景に退き、それによって階級意識を持った女性に道を拓いてきた」(Hunt, 1996:35)という女性問題に対する理解が示されていたことが指摘されている。この限りでは、少なくともSDFに関する限り、前述のような、女性、とりわけ既婚女性の労働市場からの閉め出しは導き出されないのであるが、現実においては、多くの男性SDF党員は、時代のイデオロギーである「家族賃金」や「女性の役割」観念から脱却できず、「女性の真実のキャリアは結婚であり、したがってその居場所は家庭にあるので、労働市場へは一時的に入ってくるに過ぎな

い」(*ibid.*:121-122)として、特に既婚女性の雇用の制限を支持した[8]。この点については、SDF以外の社会主義者についても同様の理解がなされていたことがハントによって指摘されている(*ibid.*:121)。しかし、女性のSDF党員は、第2節で示されているように、多くの既婚女性は現実に家族を養うために働いている、あるいは働かざるをえないことを指摘し、既婚女性の労働市場からの閉め出しに反対して、あらゆる男女の平等な労働権を主張した(*ibid.*:122)。

こうして、既婚女性の有給労働に関しては、一部の女性を除いて、「家族賃金」イデオロギーとの関連で、その制限や廃止が理想とされていたが、しかしながら、このことは、社会主義者や女性労働者が「女性の男性に対する経済的従属」という「女性問題」そのものを後景に押しやってしまったことを意味しない。むしろ、「女性の経済的自立」は、当時にあっては、「女性問題について書いている多くの女性にとって、彼女たちが自ら社会主義運動や労働運動に身を置いているかどうかに拘わらず、重要なテーマだった」(*ibid.*:137-138)のである。とりわけ、「多くの社会主義者の女性にとっては、女性問題の中心的議題は女性の経済的自立であった。これは、とりわけフェビアン女性グループに当てはまるが、彼女たちは、自らの仕事の理論的側面と自称したものを、『社会主義のもとでの女性の経済的自立の諸条件およびそれが獲得されるための諸方策を探し出し明らかにすること』と定義し」(*ibid.*:138)ていた。そして、「[SDF党員や労働組合運動に携わっている]あらゆる人が、既婚女性や母親が労働市場に組み込まれることに懸念を表明している」(*ibid.*:137)状況のもとで、この経済的自立は、女性の妻としてあるいは母としての「無給労働」に対して国家から支払いを受けること、つまり母親手当を制度化することによって達成しうるという考えが出てきたのである。つまり、「母親手当は、[有給労働に対する]オルターナティヴとみなされうるものであり、性別分業を侵害することなく女性の経済的自立を達成するための好都合な手段」(*ibid.*:137)として位置づけられるものであった。その

意味では、社会主義者による母親手当の要求は、実に、「女性解放」のイデオロギーと「女性の役割」イデオロギーの「結婚」の産物だった、ということができよう。他方、主として労働者家庭の主婦を組織していた女性協同組合ギルド(the Women's Cooperative Guild)においても、既婚女性が労働市場では中心的位置を確保しえない状況のもとでは、「労働者階級の女性のアイデンティティは、主婦としての役割の方に大きく傾いており」(Pedersen, 1993:44)、彼女たちにとっては、この主婦の労働こそ「労働」なのであり、その意味で自分たちも働く女性なのである、と理解していた。この主婦の「労働」が当時にあって、いかに過酷なものであったかは序章で指摘した通りである。こうして、「女性は母になるであろうが、しかし経済的自立の手段が与えられなければならない」(ibid.:44)として、母親手当の要求を導き出していくのである。

以上のようにして、社会主義者およびその周辺の労働者階級の女性によって打ち出された母親手当の要求は、それでは具体的にどのようなものとして定式化されたのか、また、母親手当を国家に要求する論理・根拠はどのようなものだったのか、あるいは、社会主義諸グループの間での差異は何か、当時のフェミニストの母親手当の要求の論理や具体的要求の形態とはどの点で異なるのか、などについて研究するのが今後の課題となるであろう。

資料1 イングランド・ウェールズにおける女性の年齢別労働力化率(1911年)

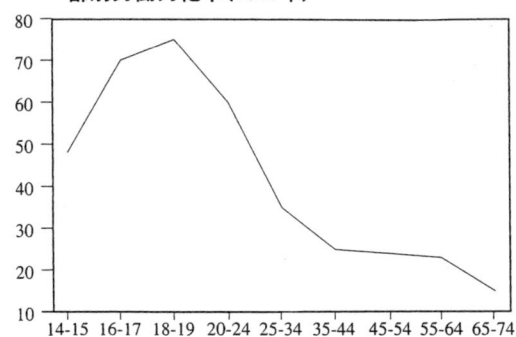

出典)Pedersen, *Family, Dependence, and the Origins of the welfare state*, p.38. なお、原資料は、Census of England and Wales, 1931, *General Report* (London: HMSO, 1950), p.163.

資料2　既婚女性の職種別平均週賃金（バーミンガム、1906年）

職種	18歳以上平均	既婚女性平均	職種	18歳以上平均	既婚女性平均
A　金属産業			マーク入れ	8s.9d.	9s.0d.
1)　弾薬			11)　乳母車製造		
薬莢製造	11s.0d.	11s.0d.	車輪製造	11s.0d.	12s.0d.
2)　寝台			12)　安全ピン製造		
ラッカー塗り	11s.6d.	12s.0d.	プレス	10s.3d.	11s.0d.
ペンキ塗り	12s.0d.	12s.0d.	丸削り	10s.0d.	10s.0d.
装飾	12s.0d.	12s.0d.	13)　ネジ製造		
取っ手ハンダづけ	10s.8d.	11s.0d.	ネジ部分製造	11s.0d.	10s.6d.
プレス	11s.0d.	11s.0d.	プレス	10s.0d.	10s.0d.
研磨	12s.0d.	12s.0d.	雌ネジ切り	12s.0d.	12s.0d.
3)　ベルト・バックル			14)　スプーン・フォーク		
プレス	8s.6d.	8s.6d.	バフ磨き	16s.6d.	17s.6d.
4)　真鍮			つや出し	12s.6d.	13s.6d.
ラッカー塗り	10s.6d.	11s.6d.	15)　鋼		
つや出し	13s.6d.	14s.9d.	自在軸受け工	10s.0d.	12s.0d.
研磨	11s.2d.	12s.0d.	16)　傘製造		
かき傷ブラシがけ	12s.0d.	11s.0d.	傘骨打ち抜き	11s.6d.	11s.6d.
プレス	9s.8d.	9s.2d.	プレス	11s.0d.	11s.6d.
鋲打ちぬき	10s.0d.	10s.0d.	B　被服・縫製産業		
鋲旋盤工	9s.0d.	9s.0d.	1)　縫製		
心型製造	17s.5d.	17s.7d.	小児服・幼児服	10s.0d.	10s.8d.
5)　ボタン製造			ワイシャツ	10s.0d.	10s.0d.
裁断	11s.0d.	12s.0d.	2)　洋服仕立て		
プレス	10s.4d.	10s.6d.	ズボン	12s.6d.	13s.0d.
6)　自転車製造			コート	14s.10d.	16s.0d.
つや出し	10s.0d.	10s.8d.	C　食品製造業		
ラッカー塗り	12s.0d.	12s.0d.	1)　ビン詰め		
7)　ランプ製造			ミネラルウォーター	9s.0d.	9s.0d.
プレス	10s.0d.	12s.0d.	2)　魚薫製	12s.6d.	12s.6d.
ランプ清掃	9s.0d.	10s.0d.	D　宝石製造業		
ラッカー塗り	10s.0d.	11s.0d.	1)　宝石		
打ち抜き	10s.0d.	11s.0d.	プレス	10s.5d.	10s.9d.
8)　板金			2)　銀細工		
メッキバケツ	10s.3d.	12s.0d.	プレス	9s.0d.	10s.0d.
やかん	10s.0d.	11s.0d.	打ち抜き	10s.0d.	12s.0d.
つや出し	12s.0d.	8s.0d.	3)　電気メッキ		
ブリキハンダづけ	9s.3d.	9s.10d.	研磨	12s.4d.	11s.3d.
プレス	8s.6d.	8s.9d.	つや出し	11s.0d.	12s.3d.
ブリキ清掃	10s.9d.	12s.8d.	4)　金・銀製鎖		
9)　鋲製造			金の鎖	14s.6d.	16s.0d.
裁断	9s.8d.	9s.8d.	その他の鎖	12s.0d.	13s.0d.
10)　ペン製造			E　紙・ボール紙・印刷業		
ペン先つくり	11s.3d.	11s.6d.	1)　製紙		
研磨	11s.6d.	12s.6d.	紙・製紙ぼろ分類	9s.0d.	8s.6d.

職種	18歳以上平均	既婚女性平均	職種	18歳以上平均	既婚女性平均
倉庫	7s.8d.	10s.0d.	雑働き	7s.4d.	12s.0d.
2) 紙袋製造	10s.6d.	10s.3d.	6) ロープ・麻糸		
3) 印刷			麻糸	9s.0d.	9s.0d.
給紙	9s.7d.	10s.0d.	H 工場法による規制のない職種		
F 皮革産業			1) 付添人		
1) ブーツ製造業			入浴	14s.0d.	14s.0d.
靴底	10s.0d.	10s.0d.	2) 管理人		
2) 箱	9s.11d.	10s.0d.	学校	15s.0d.	15s.0d.
G その他の産業			3) 雑役婦	7s.9d.	7s.9d.
1) ビン洗い	9s.2d.	9s.8d.	4) 事務		
2) 煉瓦製造			一般	13s.2d.	18s.0d.
運搬・おろし	14s.0d.	14s.0d.	5) 薪		
3) 梳毛			薪割り	9s.10d.	9s.9d.
ホック留め	5s.11d.	5s.11d.	6) 路上売り		
4) 棺桶			花	10s.5d.	10s.5d.
倉庫	9s.0d.	10s.0d.	7) 子守	3s.3d.	3s.3d.
5) クリーニング			8) パブ		
洗濯	8s.6d.	9s.4d.	マネージャー	26s.6d.	27s.3d.
カラー	11s.9d.	12s.0d.	女給	8s.8d.	12s.0d.

出典) Cadbury *et al.*, 1906：309-330より作成。

注

1 日本でも、近年福祉国家のジェンダー分析が大沢真理氏などを中心に行われるようになった(大沢、1995)。ただし、同氏の直接の関心は「女性の男性への経済的依存にソーシャル・ポリシーがいかに影響を与えるか、またその維持にいかに関わっているか」という点にあるのではなく、エスピン=アンデルセンの概念を活用してジェンダー視点を入れた福祉国家の再解釈ないし類型化に置かれている。その意味では、ここでいうところの福祉国家のジェンダー分析の作業課題とは異なっている。

2 たとえば、それは、「主婦の誕生」、つまり「近代家族」の発生が、一方で女性に家事労働を押し付け女性抑圧の源泉と化すと同時に、他方では、それによって生じた「家事という領域の誕生は、乳幼児死亡率の上昇をくいとめ、家庭に生活文化をもたらし、衛生思想を庶民にもたらしたという点で画期的な意味を随伴していた」(木本、1995：123)という側面を把握しうることを指している。

3 こうした主婦の「拾い仕事」的有給労働については、センサスに載ることも少なく(Lewis, 1994:75)、したがって、まさに歴史の中から主としてフェミニストによって「発掘」されてきているのである(Roberts, 1984)。

4 ちなみに、同書では、12ケースの労働者世帯の家計収支が載せられている。ケース1では、「薪、明かり、衣類を含まず、また飲食物にはミルク、チーズ、生鮮野菜ないし果物を含まない」(Black ed., 1915:258)ような極めて貧しい生活を推測させる1週間の生活費が16シリング9ペンスであったが、この家庭では、虚弱な夫が稼ぐ賃金が週10シリングであるのに対し、妻は17シリング6ペンスを得ていた。また、夫のアイスクリーム売りの収入が極めて不安定であるケース11の場合にも、「ミルク、薪、石鹸、明かりへの支出を含まず、また衣料品クラブへの会費支払いは別として衣類への支出も含まない」1週間の家計支出が19シリング11ペンスであり、ここでも妻の収入12シリングに大きく依拠していた(*ibid.*:268)。こうして、妻の収入の「家計への貢献が決定的である」労働者家族の存在を見出すことができるのである。

5 前出の『既婚女性の仕事』で取り上げられた家計支出に関する12ケースのうち、調査時に妻が仕事をしていなかったり、賃金が少なくなったりしていたのが4ケースあった(Black ed., 1915:259;261-262;269)。

6 19世紀末に行われたブース(C. Booth)のロンドン調査(1889)およびラウントリーのヨーク調査(1899-)においても、「人口のほぼ3分の1は絶対的貧困線以下だった」(Lewis, 1994:76)のであり、「家族賃金」が実際のものであったのは、熟練労働者を中心とした一部の労働者家族に限られていた(木本、1995:65)。

7 この点については、Fukasawa, 1996:259参照。ただし、ここでは、次の注8で見るように、まずは、未婚の女性の働く権利の承認であったことに注意する必要がある。

8 ただし、生活費を自ら稼がなければならない未婚の女性については、既婚女性と区別して問題を捉えていた(Hunt, 1996:121)。

補論2　日本の女性労働の特徴

第1節　女性労働の分析視角と分析課題

　第四章で詳しく見たように、主要な先進諸国では女性の年齢別就業率がM字型カーブを描くパターンから脱却し、結婚とりわけそれに続く出産・育児と結びついて一時的に引退する女性特有の働き方が転換をとげつつある。これは、「男は仕事、女は家事」というこれまでの社会的規範自体が転換してきていることの一つの証左であるといえるが、しかし、こうしたM字型を脱却した先進国も含めて、1990年代末においてさえ「男女労働者間の機会の均等と平等待遇の原則は世界のほとんどの国において広く受け入れられ、この原則を実施に移すことが現に進められているにもかかわらず、根深い不平等が依然として存在している」(ILO, 1998a)ところに、今日の女性労働が抱える困難な問題性を見ることができる。この「根深い不平等」は、いずれの先進国においても、典型的には、男女間賃金格差、男性より多いパートや臨時雇用形態での女性の就労、さらに熟練度や報酬において男性より劣る女性優位の職業や職種への女性の集中などとして捉えられるものである。そして、後者の就労形態や職業に見られるいわゆるジェンダー間分離が全体としてジェンダーによる賃

金格差をもたらす主要因と位置づけられている[1]。その意味で、現代の女性労働研究に求められているのは、単に男女間の「根深い不平等」を指摘するだけではなく、今日においてこうした「根深い不平等」を結果としてもたらすような労働のジェンダー編成ないしは再編成の具体的有り様を包括的に明らかにすることであろう。ここで「包括的」というのは、ジェンダー間分離を生み出す経済的条件や技術的条件のみでなく、企業の労務管理政策や福利政策、国家の社会政策、および男女の役割分担に関する規範をめぐる文化的・イデオロギー的要素など多様な要因を視野に入れて、それらがいかに今日の労働のジェンダー間分離を形成しているかを把握することを意味する。言い換えれば、今日の女性労働研究には、社会における労働のジェンダー編成のメカニズムを具体的に把握することが求められているといいうるのである。そのためには、具体的に労働編成が展開される場である企業レベルまで降りた研究が不可欠であり、そこでのジェンダーによる労働編成のメカニズムを個別具体的に捉えることが重視されなければならない。

　こうした理解の背景には、欧米のフェミニスト研究者たちが家事労働論争を批判的に総括することを通して労働におけるジェンダー間分離の形成をめぐる実証研究に向かっていった研究の流れが存在していることを指摘しておかなければならない。欧米のフェミニストの女性労働研究は、「……ジェンダー不平等が体系的に種々の形態をとって実施されていることを資料的に明らかにしてきた……」(Adkins, 1995:2)段階をこえて、またすでに、労働におけるジェンダー間分離を、たとえば家父長制的排除論のような単一の要因で説明する段階をこえて、各々の職場で労働のジェンダー間分離を具体的にもたらす諸要因を、主体の側の選択や受容という動きも含めて包括的に把握する段階に入っているのである。こうした研究の積み重ねによってはじめて、「男女労働者間の機会の均等と平等待遇の原則は世界のほとんどの国において広く受け入れられ、この原則を実施に移すことが現に進められている」状況のもとで、なお

執拗に生み出される「根深い不平等」を克服するための新たな具体的諸条件を示す途も拓かれることになろう。

以下では、日本の女性労働の特徴を統計的に把握する作業を通じて、こうした課題に接近するための素材を提供しておきたいと思う。[2]

第2節　労働力の女性化と女性の就業構造における日本的特徴
―― 農家女性労働の雇用労働への影響力

主要な先進国では、第二次大戦後とりわけ1970年代以降、景気動向とは関わりなく女性の労働力化が目覚ましく進展し、それとともに労働力に占める女性の比率が高まってきている。こうした労働力に占める女性比率の増大は労働力の女性化と称されているが、この過程で新たに生じたのは、単に女性の就業率が男性の水準に近づきつつあるということだけではなく、先進国では女性の年齢別就業率も、結婚や出産・育児期に低下するという女性特有のM字型パターンを描いていたものが男性と同様の軌跡を辿るようになってきているということである。ここでは、こうした労働力の女性化が、日本ではどのように進展したかをはじめに確認しておこう。

まず、就業者に占める女性比率は、国勢調査によれば、1980年には37.9％だったのが1990年には39.6％となった。雇用者に関する同様の数値は、1980年の34.9％から1990年の39.2％となり、労働力の女性化が雇用者に関してより顕著に進行していることがわかる。しかし、こうした労働力の女性化の動きは、90年代に

表 補論2-1　主要国の女性就業者に占める被用者比率の推移
(％)

	1980	1990	1996
日本	63.2	72.3	79.3
スウェーデン	95.1	94.4	94.1
ノルウェー	89.5	92.5	94.4
フィンランド	84.6	89.5	90.3
アメリカ	93.3	93.3	93.1
カナダ	91.5	92.0	90.1
イギリス	96.1	92.6	91.1

出典) OECD, 1998bより作成。

表 補論2-2 女性有業者の地域別従業上の地位、雇用形態などの状況

単位 千人(%)

	a. 有業者総数(有業率)	b. 自営業主(b/a)	c. 家族従業者(c/a)
北海道	1207(47.4)	80 (6.6)	137(11.4)
東北	2191(50.8)	191 (8.7)	342(15.6)
関東Ⅰ	6976(49.8)	494 (7.1)	592 (8.5)
関東Ⅱ	2284(52.9)	208 (9.1)	358(15.7)
北陸	1352(54.6)	124 (9.2)	175(12.9)
東海	3398(54.1)	314 (9.2)	441(13.0)
近畿Ⅰ	3444(46.5)	282 (8.2)	360(10.5)
近畿Ⅱ	776(46.2)	72 (9.3)	102(13.1)
山陰	327(53.3)	34(10.4)	50(15.3)
山陽	1434(50.6)	146(10.2)	158(11.0)
四国	953(50.5)	97(10.2)	148(15.5)
北九州	1847(48.0)	144 (7.8)	237(12.8)
南九州	1074(49.7)	95 (8.8)	187(17.4)
沖縄	232(44.2)	28(12.1)	22 (9.5)

注：関東Ⅰ：埼玉、千葉、東京、神奈川　　北九州：福岡、佐賀、長崎、大分
　　関東Ⅱ：茨城、栃木、群馬、山梨、長野　南九州：熊本、宮崎、鹿児島
　　近畿Ⅰ：京都、大阪、兵庫
　　近畿Ⅱ：滋賀、奈良、和歌山

入って停滞し、就業者に占める女性比率は39.6％、雇用者に関しては37.8％に低下さえしている。これは、バブル崩壊以後の経済不況が労働力の女性化に大きな影響を与えていることを示唆するものであるが、いずれにしても、就業者や雇用者全体に占める女性の比率が90年代後半においても両者ともに40％に達していないことは、他の主要先進国が90年段階ですでに45～50％の水準にまで達していることと比較して低いといわざるをえない。これと並んで、日本の場合には、女性の年齢別就業率のM字型カーブからの脱却が依然として実現していないことを再び強調しておかなければならない(前掲図4-1参照)。このことは、すでに第四章で見たように、アメリカやスウェーデンなど他の主要国では、労働力の女性化の過程で女性の年齢別就業率がM字型から台形に移行していることと

d. 被用者総数(d/a)	e. 正規(e/d)	f. パート(f/d)
989(81.9)	476(48.1)	346(35.0)
1657(75.6)	1007(60.8)	428(25.8)
5884(84.3)	2967(50.4)	1770(30.1)
1717(75.2)	934(54.4)	541(31.5)
1053(77.9)	680(64.6)	255(24.2)
2642(77.8)	1366(51.7)	886(33.5)
2801(81.3)	1433(51.2)	861(30.7)
601(77.4)	314(52.2)	187(31.1)
243(74.3)	154(63.3)	54(22.2)
1131(78.9)	631(55.8)	336(29.7)
708(74.3)	425(60.0)	182(25.7)
1466(79.4)	814(55.5)	440(30.0)
792(73.7)	453(57.2)	227(28.7)
182(78.4)	101(55.5)	49(26.9)

出典）総務庁統計局、1998、『平成9年就業構造基本調査報告 全国編』、734頁より作成。

好対照をなしている。日本におけるこうした労働力の女性化の有り様と女性の就業構造とはいかに関連しているのであろうか。以下で、その点を見ることにしよう。

女性の就業構造における特色は、1990年代後半においてさえ、女性就業者全体に占める雇用者比率が主要先進国の中では相対的に低く80％を切っており、残りの20％近くが自営業主や家族従業者として働いているということである（**表 補論2-1参照**）。すなわち、1995年の国勢調査によれば、約2560万人にのぼる女性就業者のうちほぼ80％にあたる2035万人が雇用者であり、残り約346万人が家族従業者(13.5％)、そして約180万人が自営業主(7.0％)となっている。1980年の雇用者比率が63.2％であったことからすれば、確かに女性の就業構造が大きく転換してきているこ

とは否定できないものの、他の主要先進国と比べて相対的に比重の高い自営業主および家族従業者の存在こそ日本の特色ということができよう。しかも、この自営業者・家族従業者のうち農林漁業就業者が占める比率は1995年で33.9％であり、日本では無視しえない数の女性が、依然として農業を中心とした第一次産業に従事していることがわかる。

こうした女性の就業構造に見られる日本的特色は、農業(ないし数は少ないが漁業)地帯を抱えた東北・北関東や甲信越・北陸・東海・山陰・山陽・四国・南九州などにおける一方での女性の有業率の高さと、他方での有業者に占める雇用者比率の相対的低さという組合せに典型的に示されている(**表 補論2-2**参照)。同じくこの表からは、これら被用者比率が相対的に低い地域では雇用者に占めるパート比率も相対的に低いという関係が見出せるが、このことは、必ずしもこれらの地域の女性雇用が有利な位置づけを与えられていることを示すものでなく、一方で、パート雇用形態に適応的な都市型のサービス職種が全体として不足していること、他方で、正規雇用そのものがパート雇用との境界線上にあることなどと深く関連している。この点に関しては、後にやや詳しくふれることにするが、いずれにしても、こうした現実は、主として農村を背後地に抱える地域に広範に存在する自営業主、そしてとりわけ家族従業者としての女性労働が、日本における女性の雇用労働の有り様を根底で規定していることを示唆するものであり、今日そうした視点からの女性労働分析が強く求められているといえよう。こうした点の解明を通じてはじめて、労働力の女性化の程度や年齢別就業率におけるM字型パターンの残存などに示されている日本の特色も、雇用労働を中心とした分析だけからでは得られない新たな視点からの把握が可能となろう。[3]

第3節　雇用労働におけるジェンダー間分離
　　　　──小零細企業への集中、パート雇用、派遣労働、賃金格差

　労働力の女性化が依然としてジェンダー間分離を伴って進行している

ことは世界的な問題としてすでに指摘してきたが、日本においても、とりわけ前述のような雇用構造のあり方と関連して多様なジェンダー間分離が見出される。最も重要なものは男女間賃金格差とその大きさであるが、それをもたらす具体的要因としてまず挙げられるのは、女性の方が男性よりも小零細規模企業への集中が著しいことである。**表 補論2-3**によれば、1996年において、女性雇用者の56.8％が30人未満の規模の企業で働いていることがわかる（男性のそれは50.1％）。逆に、大企業への女性雇用は相対的に低く、300人以上規模の企業への集中度は全体の10％以下にしかすぎない。そして、こうした傾向は前述の農業地帯を含む地域では著しく、他方、大都市圏の関東Ⅰと近畿Ⅰでは大企業への集中度がそれぞれ14.5％と10.7％と他の地域に比して高くなっている。とはいえ、その場合でも、集中の度合いは男性に比較すると5％程度小さい。雇用されている女性のこうした小零細企業への集中、とりわけ1〜4人規模企業への集中は、関東Ⅰを除くすべての地域で著しいが、特に、四国と沖縄では20％をこえており、さらに、これらの地域と山陰では30人未満への女性の集中度は60％を上回っている。その他の農村を抱える地域も、若干数値は小さいものの同様な傾向が指摘できる。

　以上のような小零細規模企業における女性の大量存在こそ日本の女性雇用の持つ特色の一側面なのであり、後にふれるパート雇用形態や派遣労働と並んで女性の雇用労働を相変わらず低い地位に押しとどめる要因となっている。この点を賃金面から確認しておこう。**表 補論2-4-1**は、賃金の規模別格差をアメリカおよび旧西ドイツとの比較において見たものである。比較の時期が大きく異なるという問題があるにせよ、日本の規模別賃金格差が極めて大きいことがわかろう。前述のように、女性の大半が大企業の半分かそれ以下の賃金水準にある企業に集中していること、しかも、**表 補論2-4-2**によれば、それらの企業においても男女間に明確な賃金格差が存在していることからすれば、日本の女性雇用がいかに最底辺に位置づけられているかが明白である。とりわけ製造業に関し

表 補論2-3 企業規模別男女被用者の分布状況

従業員数	1~4		5~9		10~19		20~29		30~49	
	女	男	女	男	女	男	女	男	女	男
全国	17.9	12.5	14.7	12.7	15.2	15.5	9.0	9.4	10.5	10.9
北海道	17.2	11.6	14.1	13.3	14.7	17.2	9.1	11.1	11.0	13.3
東北	18.6	13.5	14.2	13.5	15.7	17.6	9.2	10.5	10.8	12.3
関東Ⅰ	15.4	10.7	14.1	11.5	13.7	13.7	8.9	8.8	10.7	10.4
関東Ⅱ	18.9	14.1	15.0	13.0	16.1	15.9	9.1	9.2	10.3	10.4
北陸	19.3	14.8	15.1	13.7	16.1	16.8	9.0	10.0	10.4	11.4
東海	18.6	12.6	15.5	12.4	15.9	14.8	9.1	8.8	10.1	10.1
近畿Ⅰ	18.5	12.3	14.9	12.5	14.6	15.0	8.7	9.1	10.2	10.7
近畿Ⅱ	19.4	15.1	15.4	13.3	15.7	15.8	9.4	10.0	10.4	10.1
山陰	19.6	15.0	15.3	14.8	17.3	19.0	9.9	10.7	9.8	11.0
山陽	18.8	12.0	15.1	12.7	16.2	16.5	9.4	9.7	10.6	111
四国	20.3	15.3	15.0	14.3	16.2	17.6	9.3	10.4	10.3	11.3
北九州	18.6	13.3	14.9	13.6	16.2	17.0	9.4	10.2	10.7	11.6
南九州	19.2	15.1	14.5	14.5	16.6	18.1	9.2	10.5	10.4	11.5
沖縄	25.3	16.5	16.9	16.4	15.7	18.8	8.1	9.9	9.8	10.6

注：関東Ⅰ：埼玉、千葉、東京、神奈川　　北九州：福岡、佐賀、長崎、大分
　　関東Ⅱ：茨城、栃木、群馬、山梨、長野　南九州：熊本、宮崎、鹿児島
　　近畿Ⅰ：京都、大阪、兵庫
　　近畿Ⅱ：滋賀、奈良、和歌山

ては、四国や南九州では男女ともに賃金水準が絶対的に低いにもかかわらず、その賃金格差が大都市圏に比べて大きいことに注目しておく必要があろう。

　次に、パート雇用形態も著しいジェンダー間分離を示す指標といえる。世界的に見ても、徐々に増大してきているとはいえ男性雇用者に占めるパートタイマーの比率は90年代前半においてもせいぜい10％程度（イタリアやフランスなど一部の国では5％以下）であるのに対して、女性のそれは20％台後半から40％に達しており（日本労働研究機構、1998：93-94）、パート雇用が男女間で不均衡に配分されていることがわかる。日本もその例

	50~99		100~199		200~299		300~		総数
	女	男	女	男	女	男	女	男	女男とも
	10.7	11.9	8.2	8.9	3.9	4.1	9.8	14.2	100.0
	12.3	13.9	9.4	9.1	4.7	4.0	7.5	6.6	100.0
	11.7	12.8	9.0	8.7	3.9	3.4	7.0	7.7	100.0
	11.7	11.5	4.0	9.5	4.1	4.8	14.5	19.2	100.0
	10.4	11.2	8.4	8.2	3.6	4.0	8.0	14.0	100.0
	11.4	13.0	8.0	8.4	3.6	3.6	7.0	8.6	100.0
	10.4	11.5	7.9	8.7	3.5	4.2	9.1	16.9	100.0
	10.2	11.8	8.1	9.2	4.0	4.4	10.7	15.1	100.0
	10.5	11.2	8.0	8.5	3.8	3.7	7.4	13.2	100.0
	11.4	12.3	7.0	7.5	3.3	3.1	6.4	6.7	100.0
	11.0	12.0	8.4	9.1	3.7	3.9	6.9	13.0	100.0
	11.3	12.1	7.7	7.9	3.3	3.1	6.6	8.0	100.0
	10.8	12.7	8.5	8.7	3.8	3.6	7.0	9.5	100.0
	11.0	12.1	8.6	7.9	3.9	2.8	6.6	7.4	100.0
	9.0	12.8	7.2	7.8	3.4	3.2	4.7	4.0	100.0

出典）総務庁統計局、1998、『平成8年事業所・企業統計調査報告　全国編その1』より作成。

外ではなく、女性雇用者に占めるパート比率は90年の27.9％から98年には約36％となっている（労働省女性局、1999：29）。日本におけるパート雇用に関しては、その労働時間の長さ、長期勤続、既婚女性に対する税制や社会保障制度を通じた「被扶養の妻」としての誘導などがその特色として指摘されているが（竹中、1994）、そうした点に加えて何よりも指摘しておくべきことは、パート雇用形態が、常雇との労働条件の格差を許す重要な要因とされており、賃金、とりわけ賞与面での不平等が極めて大きいことである（表 補論2-4-3参照）。同表からは、農村を抱える地域においては、労働時間だけでなく時間当たり賃金に関しても、常雇とパー

表 補論2-4-1　賃金の規模間格差の日・米・旧西独比較

(1人当たり賃金、1000人以上＝100)

	1-9人	10-49人	50-99人	100-499人	500-999人	1000人以上
日本 (1985)	43.4	54.7	58.4	71.0	84.0	100.0
アメリカ (1977)		66.3		70.7		100.0
ドイツ (1977)		71.4	74.5	80.1	86.1	100.0

資料出所）生産性労働情報センター「活用労働統計1988」。
　原資料は以下の通り。
　　　日　　本：通産省『工業統計表』
　　　アメリカ："Census of Manufactures"
　　　ド イ ツ：連邦統計局 "Produzierendes Gewerbe" EC "Eurostary Sonderreihe"
注1：1人当たりの賃金は、賃金総額を総雇用労働者数（旧西ドイツは従業員）で除して
　　算出。
　2：日本の1-9人欄は4-9人。
　3：ドイツは旧西ドイツ地域。

出所）日本労働研究機構、1998、『データブック1999　国際労働比較』、146頁より一部引用。

トとの間には大きな格差は見られず、実態として両者の境界は曖昧であるが、ここでも賞与に関しては格差が維持され、常雇とパートとの区別がかろうじて保たれているのがわかる。こうして、農村地帯では、通常は常雇とパートとの間に明確な境界線が引き難いのであるが、全体としてみれば、両者の間のとりわけ賞与を含めた賃金格差は歴然としており、これが、男女間の賃金格差をより大きくする要因となっていることは疑いない。いずれにしても、労働諸条件をめぐる常雇とパート間の格差の程度は、両者の労働実態と結びつけられてはじめてその不平等性の意味も明らかになるものであり、今日パートの間にもその適用が普及しつつある能力・業績給の問題も視野に入れながら、地域的差異に留意しつつ職場に降りた労働の解明が必要とされよう。

　パート雇用と並んで女性が中心を占める雇用形態として80年代後半以降拡大してきているのが派遣労働である。「労働者派遣事業実態調査」(1997年)によれば、派遣労働者全体に占める女性の比率は72.4％であり、

表 補論2-4-2　小企業における女性の賃金・賞与と男女賃金格差(1999年)

(10-99人規模企業、産業計、製造業　男性=100)

	産業計				製造業			
	時間給(円)	格差	時間給(円)	格差	時間給(円)	格差	時間給(円)	格差
埼玉	1239	69.0	518.0	86.2	1146	62.1	406.7	58.6
千葉	1291	72.0	495.3	74.9	1148	62.0	389.7	49.7
東京	1584	73.8	683.2	69.9	1486	73.5	521.3	64.8
神奈川	1384	70.7	560.4	74.7	1293	67.0	494.2	59.9
京都	1355	72.1	543.9	81.4	1123	62.7	383.2	53.0
大阪	1313	66.8	533.9	67.2	1188	61.8	449.6	53.0
兵庫	1196	65.5	490.5	64.8	1041	58.8	380.0	47.1
徳島	1122	72.8	460.6	78.8	890	61.4	236.6	43.5
香川	1115	68.6	446.6	73.1	1011	64.3	337.8	55.3
愛媛	1012	65.3	408.3	62.9	858	59.0	246.4	36.4
高知	1105	71.8	484.3	74.2	853	61.2	241.0	44.8
熊本	1023	71.2	457.0	75.8	818	59.9	191.4	34.8
宮崎	1007	68.9	443.9	71.6	785	59.3	220.4	46.1
鹿児島	1012	72.5	421.4	87.3	817	61.1	263.1	53.0

注：時間給は女性の所定内給与額を所定内実労働時間で割ったものであり、格差は男性の同じ数値に対する比率。
　　賞与については、男性の年間賞与その他に対する女性の数値の比率。
出所）労働省政策調査部編、2000、『平成11年賃金構造基本統計調査』第4巻より作成。

圧倒的に女性に偏った雇用形態となっている。これら女性派遣労働者の60％強を占める登録型の派遣労働者のほとんどは「時間給」であり、また、派遣労働者の大半は職業小分類で女性雇用の集中度の上位を占める事務職において事務用機器の操作やファイリングなどの事務処理業務を担当している。後に見るように、当該分野での労働力の女性化の進展は著しいが、それが一部はこうした派遣労働に支えられてきたところに女性労働の柔軟な活用という企業の位置づけを見て取ることができよう。そして、これら女性の派遣労働に見られる特色は、常用労働者として派遣される者の割合が約75％を占め、全体の半数以上がソフトウェア開発業務や機械設計など技術的業務に集中している男性派遣労働者のそれとは根

表 補論2-4-3　女性パートの労働条件と格差(1997年)

(産業計、企業規模計、女性常雇=100)

	1カ月あたり所定内実労働時間　(1)		1時間当たり所定内給与額　円　(2)		年間賞与その他特別給与額　千円　(3)		勤続年数　年　(4)
埼玉	112	61.8	876	73.6	81.9	11.9	4.9(7.6)
千葉	108	66.3	903	77.0	62.2	8.4	5.6(8.2)
東京	110	68.8	1008	71.8	78.9	8.4	5.3(7.9)
神奈川	102	63.0	932	69.2	66.7	8.1	5.5(8.0)
京都	111	66.5	938	73.3	80.4	10.6	5.2(8.1)
大阪	115	70.1	918	72.5	94.1	12.4	5.6(7.6)
兵庫	104	63.0	915	80.3	89.0	12.6	5.3(8.5)
徳島	115	68.4	825	91.4	73.1	11.4	6.0(9.9)
香川	115	68.0	867	89.4	74.0	12.1	5.3(8.9)
愛媛	115	69.3	793	82.1	77.9	13.6	4.5(7.9)
高知	118	71.1	780	74.2	61.4	9.4	4.7(9.3)
熊本	124	73.8	720	70.0	60.6	10.6	4.6(8.6)
宮崎	123	73.6	715	74.5	66.3	11.3	4.7(8.1)
鹿児島	121	72.9	748	80.7	88.2	16.3	4.3(7.8)

注：(1)の数値は女性常雇の1カ月当たり所定内実労働時間に対する比率
　　(2)の数値は女性常雇の所定内給与月額を所定内実労働時間で割った数値に対する比率
　　(3)の数値は常雇女性の年間賞与その他の特別給与額に対する比率
　　(4)の数値は常雇女性の平均勤続年数
出典）労働省政策調査部編、1998、『平成9年賃金構造基本統計調査』第4巻より作成。

本的に異なるものであり、派遣労働におけるジェンダー間分離の存在が明確に指摘できる。

　こうして、日本における女性雇用労働の統計的特色を見る限り、主として雇用労働の女性化として展開された日本の労働力の女性化は、一方で、パート雇用の拡大や小零細企業への集中の強化など従来型の労働のジェンダー編成を拡大しながらも、他方で、派遣労働の活用なども伴った新たな編成替えを行っていると理解することができる。次節では、その詳細の一端を女性の職業構造の推移から把握してみることにする。

第4節 性別職業分離から見た特徴
——製造業での女性活用、経済のサービス化、非伝統的職業への進出

　すでに第2節で見た就業構造の特色を反映して、日本では、女性の職業別分布において農業が依然として高い位置を占めていることが特色として挙げられる。1990年の国勢調査により、女性就業者の集中する職業上位10位(小分類による)までを挙げると**表 補論2-5-1**のようになるが、農業作業者が全体の7.0%を占めて、一般事務・会計事務従事者および販売店員に次いで四位に位置していることがわかる。80年にはその順位が二位だったことを考えると女性の就業に占める農業の比重は確実に低下していることは事実であるにしても、依然として女性の主要な就業の場となっていることに変わりはない。

　目を雇用者に転じると(**表 補論2-5-2**)、前述のように、雇用労働において労働力の女性化がより一層進展しているもとで、とりわけ、集中度の高い事務職や販売店員での女性化が顕著であることがわかるが[4]、この変化こそ経済のサービス化や金融自由化などによってもたらされたものであり、1990年には保険外交員が10位に現れてきたこともその一環と考えることができよう。しかし、それと同時に、80年から90年までの10年間に若干の順位の移動はあるものの、女性の集中する職業の上位に製造業関連の三職業が依然として含まれていることも見ておかなければならない。「女性職」[5]としての「ミシン縫製工」、「電気機械器具組立工」そして「他に分類されない労務作業者」が、80年段階よりはその比率を低下させながらも、相変わらず90年においても上位10職業に含まれている。

　こうした日本の状況は、経済のサービス化や金融自由化が進む中で、他の先進国では90年代に入ると(少なくとも90年代前半までには)女性の集中する上位10職業から製造業関連の職業が姿を消すか、あるいはその順位を後退させてしまったことと大きく異なっている。たとえば、OECDの先進7カ国(ノルウェー、オーストリア、イギリス、西ドイツ、カナダ、フランス、アメリカ)調査によれば、ノルウェー(農業手伝い)と西ドイツ(包装

表 補論2-5-1　日本における女性就業者の上位10職業(小分類)への集中度の推移

	1980年				1990年		
職業	実数[当該職業の女性比率]	集中度(%)		職業	実数[当該職業の女性比率]	集中度(%)
1 一般事務従事者	3239514[49.6]	15.3		1 一般事務従事者	4742992[56.7]	19.4
2 農耕・養蚕作業者	2630195[51.6]	12.4		2 会計事務従事者	2065754[76.1]	8.5
3 販売店員	2163032[60.5]	10.2		3 販売店員	1952210[63.6]	8.0
4 会計事務従事者	1548112[69.4]	7.3		4 農耕・養蚕作業者	1719274[49.1]	7.0
5 調理人	804531[53.3]	3.8		5 調理人	872312[52.4]	3.6
6 給仕従事者	664276[84.0]	3.1		6 看護婦・看護士	746518[96.9]	3.1
7 ミシン縫製工	544889[88.3]	2.5		7 飲食物給仕・身の回りの世話係	726290[80.1]	3.0
8 看護婦・看護士	517650[97.5]	2.4		8 ミシン縫製工	597467[89.1]	2.4
9 電気機械器具組立工・修理工	408310[52.2]	1.9		9 電気機械器具組立工	510247[57.6]	2.1
10 他に分類されない労務作業者	373805[53.1]	1.8		10 他に分類されない労務作業者	480245[54.2]	2.0
小計	12894314	60.7		小計	14413309	59.1
女性就業者総計	21146771[37.9]	100.0		女性就業者総計	24442510[39.6]	100.0

出典)『国勢調査』1980年および1990年。

工)を除けば、すでに80年代段階で職業小分類による製造業ないし農業関連の職業は上位10位職業から脱落している。[6] この意味で、日本における労働力の女性化を考察するに際しては、通常その促進要因として挙げられている経済のサービス化、ホワイトカラー化あるいはパート雇用形態の普及などに加えて、農村地帯の農家女性労働力を背後に控えた電機機器産業など輸出主導型の労働集約的産業構造を維持しえた日本的要因の検討が独自に必要とされよう。[7] そして注目すべきは、他の先進諸国では、こうした製造業関連職業の後退とは対照的に、この過程でいわゆる

表 補論2-5-2　日本における女性雇用者の上位10職業(小分類)への集中度の推移

	1980年				1990年		
職業		実数[当該職業の女性比率]	集中度(%)	職業		実数[当該職業の女性比率]	集中度(%)
1	一般事務従事者	2870741[47.3]	21.7	1	一般事務従事者	4264427[54.8]	23.9
2	会計事務従事者	1288600[67.1]	9.8	2	会計事務従事者	1665033[73.1]	9.3
3	販売店員	1144020[49.6]	8.7	3	販売店員	1381666[59.3]	7.8
4	看護婦・看護士	512294[97.5]	3.9	4	看護婦・看護士	742086[96.9]	4.2
5	調理人	497638[54.3]	3.8	5	調理人	613192[55.9]	3.4
6	給仕従事者	461915[81.0]	3.5	6	飲食物給仕・身の回りの世話係	574933[77.6]	3.2
7	ミシン縫製工	341068[93.8]	2.6	7	電気機械器具組立工	437238[55.9]	2.5
8	電気機械器具組立工	338862[50.5]	2.6	8	ミシン縫製工	429060[94.3]	2.4
9	他に分類されない労務作業者	326753[50.8]	2.5	9	他に分類されない労務作業者	426137[52.9]	2.4
10	小学校教員	265182[56.9]	2.0	10	保険外交員	350631[75.2]	2.0
小計		8047073	61.1	小計		10884403	61.1
女性雇用者総計		13180485[34.9]	100.0	女性雇用者総計		17817031[39.2]	100.0

出典)『国勢調査』1980年および1990年。

福祉関連のサービス職業が女性の集中度の著しい職業として新たに上位10職業に登場してくるとともに、いわゆるそれらの職業の「女性職」化も同時進行したことである。たとえば、職業小分類からこの点を確認すると、イギリスでは、1986年には登場しなかった「介護補助職」が1995年には第7位となり、その職業の雇用者全体に占める女性比率は92％であった。オーストラリアでも、1987年には上位10職業に含まれていなかった「児童ケアおよび関連労働者」が1995年には10位に登場しており、当該職業に占める女性比率は94.9％であった (OECD, 1998a: 227-228)。他方、ア

メリカに典型的に見られるように、この過程で管理的職業への集中度の高まりも指摘できる。すなわち、アメリカでは、「その他のマネージャーおよび管理者」への集中度は、1982年には5位で女性雇用者の3.1％が集中していたのに対し、92年には順位を3位にあげるとともに、集中度も3.3％に上昇した。さらに、当該職業に占める女性比率は、26.7％から30.8％にまで増大した（ibid, 232）。さらに、表 補論2-6からも明らかなように、職業中分類で見ても、また小分類で見ても、西ドイツ以外では上位10職業への集中度が低下していることがわかる。こうして、他の先進国の労働力の女性化は、まさに経済のサービス化、とりわけ福祉サービスの社会化の進展に対応しながら、一方では、性別職業（ないし職務）分離の緩和、他方では、新たな「女性職」の誕生という相反する事態を伴って展開してきたということができる。

表 補論2-6　主要国における女性の職業上位10職業の集中度の推移

		職業中分類による 1-10位までの集中度	職業小分類による 1-10位までの集中度
ノルウェー	1981	81.1	59.9
	1993	77.0	50.2
オーストラリア	1987	63.7	51.1
	1995	63.0	51.1
イギリス	1986	68.9	49.3
	1995	60.4	42.1
西ドイツ	1980	73.3	53.6
	1990	73.9	55.5
カナダ	1981	68.4	45.4
	1991	66.7	42.4
アメリカ	1982	67.5	35.3
	1992	63.6	32.2
日本	1980		60.7
	1990		59.1

出典）OECD, 1998a：214-232より作成。

こうした他の先進諸国の推移は、経済発展の結果として自動的にもたらされたものではなく、女性雇用拡大のためのアファーマティヴ・アクションなどに示される国家の社会政策の有り様や福祉サービス供給に対する国家責任のあり方などに強く影響されて生み出されてきたものなのである。その点からすれば、日本では従来の女性雇用に関する職業構造を大きく転換させることなしに労働力の女性化が進められてきたということは、こうした側面に関する国家の関与がこの間の先進諸国のそれとは大きく異なっていたということである。こうした国家の役割の日本的特色を明らかにすることは、すでに第四章で行われている。

　とはいえ、以上のような日本における労働力の女性化の過程は、前述の国々と比較すると極めて緩やかではあるにしても、その深部で新しい動きを伴いながら進行していることもまた事実である。たとえば、管理的職業従事者に占める女性の比率は、1980年には6.8％だったのが90年には9.1％へと確実に増大しているし、また、未だ数の上では絶対的少数者とはいえ、施工管理技術者などいわゆる非伝統的職業であった建築技術者に占める女性就業者比率も同じく2.0％から3.8％へと変化している。とりわけ、建築技術者に関しては、90年になると、80年には存在しなかった「雇人のない業主」が女性建築技術者全体の10％近くを占めるほどになっている。これは、一方で、女性が雇用者として当該職業を継続することの困難性を示すとともに、他方では、女性の建築技術者の社会的認知がそれだけ進んできていることを示す指標とみなすこともできよう。また、近年の大きな技術革新のもとで、製版工そのものの数が絶対的に減少しているにもかかわらず、女性雇用者が拡大するとともに、製版工に占める女性比率も当該期間に11.2％から20.8％へと大きく増大している事実も挙げることができる。

　このような女性労働を巡る新たな動きは、前述のように女性労働に対する国家の積極的関与が少ない日本においては、基本的には企業の経営戦略の中から造りだされてきたものであるから、こうした新たな動きが

いかなる論理と条件のもとでなされたかを明らかにするためには、まさに企業レベルでの労働編成の具体的プロセスを把握する必要がある。[8] とりわけ、終身雇用や年功賃金などの日本的雇用慣行が大きく転換するとともに、新しい雇用システムの構築が少子・高齢化社会および大量失業というこれまでに経験することのなかった社会的・経済的条件のもとで展開されようとしている時にはなおさら、どのように現実の労働編成が企業レベルで展開されているかを知ることなしには女性労働をめぐる現実的かつ有効な議論は不可能であろうし、ジェンダー平等をもたらすような労働編成に向けた具体的諸条件やその実現可能性などの検討も進展しないであろう。

注

1　オーストラリア、カナダ、フィンランド、イギリス、アメリカなど主要先進国における「女性職」への女性の集中を調査したOECDは、このジェンダーによる職業分離をジェンダー不平等の主要な原因とみなしており(OECD, 1998a:3)、「女性が数の上で優位を占める職業は俸給、キャリア見通し、あるいは社会的地位のいずれから見てもその評価が低い。……[性別]職業分離は全体としてジェンダーによる賃金格差の主要部分を説明する」(*ibid.*:9)ものと理解している。

2　こうした課題を追求したものとして、木本/深澤編著(2000)がある。

3　たとえば、日本女性のM字型就労パターンの残存については、もっぱら「貧弱な出産・育児関連制度」(伊田、1994:38-39)によって説明されるのが一般的であるが、そうした要因を踏まえた上で、さらに、女性就業者の中で一定比率を依然として占めている農家女性のM字型就労の選択という要因も加味して検討する必要があるということである。

4　この事務職の女性化の一端が、とりわけ1980年代後半以降は派遣労働者

によって担われてきたことは第3節で述べた通りである。

5　ILOなどの定義によれば、当該職業ないし職種の80％以上を一つの性が占める場合に「女性職」ないし「男性職」と呼んでいる。ILO(1998a)およびOECD(1998a:7)など参照。

6　なお、職業中分類レベルでも、日本を除く先進国では、同じく90年代には製造業関連の職業は姿を消すかあるいは順位を大きく後退させる傾向が指摘できる。たとえば、イギリスでは、1986年には上位10職業の10位に「繊維、衣服および同関連職業」が登場していたが、95年には製造業関連は存在しなくなる。カナダも同様に、1981年には「繊維、毛皮および革製品製造作業者」が10位にランクされていたものの、91年には製造業関連職業は消えている。アメリカについては、「精密機械を除く機械工、機械監視工」が、1982年には女性雇用者の5.7％が集中して5位を占めていたが、1992年にはその比率が3.7％に低下するとともに順位も8位になっている。これに対して、日本では、雇用者に関する1990年の職業中分類での10位以内職業には、「その他の労務作業者」、「電気機械器具組立工」、「衣服・繊維製品製造作業者」および「その他の技能工・生産工程作業者」の4職業が含まれ、製造業への女性雇用の集中が依然として一つの潮流をなしている。なお、西ドイツのみが、80年には「繊維労働者」「その他の組立工および金属労働者」、「食品加工労働者」および「品質検査および包装工」がそれぞれ5位、6位、9位、10位を占めていたが、90年にも、「繊維労働者」を除いて女性の集中度の高い職業として存続しており、日本との類似性が見られる(OECD、1998a)。

7　この点については、すでに大沢が「女性の雇用労働力化について、オイル・ショック以降の経済のサービス化、雇用者のホワイトカラー化と並行してきたというイメージがあるとすれば、そうしたイメージには二重三重の留保がつけられなければならない」(大沢、1992a:51)と指摘していた。

8　こうした視点からのケース・スタディを行ったものとして、木本/深澤(2000)がある。

参考および引用文献

Adkins, Lisa (1995), *Genderd Work: Sexuality, Family and the Labour Market*, Buckingham: Open University Press.

相澤與一、1996、『社会保障の保険主義化と公的介護保険』、あけび書房。

ベヴァリッジ、ウィリアム／山田雄三監訳、1969、『ベヴァリッジ報告――社会保険および関連サービス』、至誠堂。

Black, Clementina (ed.) (1915), *Married Women's Work*, G. Bell and Sons.

Briar, Celia (1997), *Working for Women? : Gendered Work and Welfare Policies in Twentieth-Century Britain*, London:. UCL Press.

Brocas, Anne-Marie *et al.* (1990), *Women and Social Security: Progress Towards Equality of Treatment*, Geneva: ILO.

Bussemaker, Jet and van Kersbergen, Kees (1994), 'Gender and Welfare States: Some Theoretical Reflections,' in Sainsbury (ed.), *Gendering Welfare States*, London: Sage Publications.

Cadbury, Edward, Matheson, M. Cecile and Shann, George (1906), *Women's Work and Wages: A Phase of Life in an Industrial City*, T. Fisher Unwin.

Daniels, Dale (1995), Social Security Payments 2: the Unemployed, the Sick and those in Special Circumstances, 1945 to 1995, Background Papers, 20 November 1995. http://search.aph.gov.au/search/parlInfo.ASP?WCI=SgmlView&Item=0&ResultsID=... 2001年8月4日。

Daniels, Dale (1999), Social Security Payments for the Aged, Those with Disabilities and Carers 1909 to 1998, Parliamentary of Australia, Parliamentary Library Research Paper II 1998-99, 16 February 1999, http://www.aph.gov.au/library/pubs/rp/1998-99/99rp11.htm. 2001年8月4日。

ダラ・コスタ／伊田・伊藤訳、1986、『家事労働に賃金を』、インパクト出版会。

Esping-Andersen, Gøsta (1990), *The Three Worlds of Welfare Capitalism*, Cambridge: Polity Press. 岡沢憲芙・宮本太郎監訳、2001、『福祉資本主義の三つの世界：比較福祉国家の理論と動態』、ミネルヴァ書房。

エスピン＝アンデルセン、ゲスタ／渡辺雅男・渡辺景子訳、2001、『福祉国家の可能性：改革の戦略と理論的基礎』、桜井書店。

European Community (1993), *Digest of Statistics on Social Protection in Europe*, Vol.

1.4: Family, Luxembourg: Statistical Office of the European Communities.

Evers, Adalbert, Piji, Maria and Ungerson, Clare (eds.) (1994), *Payments for Care: A Comparative Overview*, Aldershot: Avebury.

Federal Ministry of Social Security and Generations (2001), *Provision for Long-Term Care in Austria*, fourth ed. http://www.bmsg.gv.atよりダウンロード。

深澤敦、2003、「『保険的福祉国家』の変容―現代フランスにおける社会・福祉政策の展開―」『総合社会福祉研究』第22号。

Fukasawa Kazuko (1996), *Voluntary Provision for Old Age by Trade Unions in Britain Before the Coming of the Welfare State–The Cases of the Amalgamated Society of Engineers and the Typographical Association–*, Ph.D. Thesis, University of London.

深澤和子、1996、「女性の自立とソーシャル・ポリシー――労働力の女性化とソーシャル・ポリシーの変容に関する分析視角」阪南大学女性学研究会編『女性学の視座』、ナカニシヤ出版。

深澤和子、1997、「歴史の中の主婦労働―イギリスにおける母親手当要求のジェンダー分析(1)―」『阪南論集 人文・自然科学編』第32巻第4号、1997年3月。

深澤和子、1999a、「福祉国家のジェンダー化」『大原社会問題研究所雑誌』No. 485、1999年4月号。

深澤和子、1999b、「福祉国家とジェンダー――1970年代後半以降の欧米の研究動向とその明らかにしたもの―」『日雇労働者・ホームレスと現代日本』(社会政策学会誌 第1号)御茶の水書房、1999年7月。

深澤和子、2000a、「女性労働と社会政策」木本／深澤(編著)、2000。

深澤和子、2000b、「日本の女性労働の特徴と本書の分析視角」木本／深澤(編著)、2000。

深澤和子、2002、「福祉国家とジェンダー・ポリティックス」宮本太郎編著『福祉国家再編の政治』、ミネルヴァ書房。

Gilbert, Bentley B. (1993), *The Evolution of National Insurance in Great Britain: The Origins of the Welfare State*, Aldershot: Ashgate Publishing, rep.

Graham, Hilary (1983), 'Caring: a labour of Love', in Janet Finch and Dulcie Groves (eds.), *Labour of Love*, London: Routledge & Kegan Paul.

Graham, Hilary (1991), 'The concept of caring in feminist reserch: The case of domestic service', *Sociology*, vol.25, No.1, February.

Guyomarc'h, Mireille et Dupriet, Rina (2002), France: Compensatory Allocation for Third Person and Specific Dependency Service, http://www.socialeurope.com/onfile/country_profiles/payments_france_en.htm, 2002年10月14日。

原田康美、2001、「フランスの高齢者介護給付制度―PSDの実施と改革の動き―」国立社会保障・人口問題研究所編『海外社会保障研究』第135号、2001年6月。

Harrison, Barbara (1996), *Not only the 'Dangerous Trades' : Women's Work and Health in Britain, 1880-1914*, London: Taylor & Francis Group Ltd.

Hernes, Helga (1984), 'Women and the Welfare State: The Transition from Private to Public Dependence,' in Harriet Holter (ed.), *Patriarchy in a Welfare Society*, Oslo: Universitetsforlaget.

Hernes, Helga (1987), *Welfare State and Woman Power : Essays in State Feminism*, Oslo: Norwegian University Press.

本多秀司、1996、「アンペイド・ワーク測定の試み―ドイツでの試案―」『女性労働研究』No.30、1996年7月。

Hunt, Karen (1996), *Equivocal Feminists*, Cambridge University Press.

伊田広行、1994、「経済のサービス化の下での性別分離構造」竹中恵美子・久場嬉子編『労働力の女性化―21世紀へのパラダイム』、有斐閣選書。

ILO (1984), *Into the Twenty-first Century: The Development of Social Security*, Geneva: ILO.

ILO (1996), ILO 83rd Session 1996, Report III (Part 5), *Lists of Ratifications by Convention and by Country (as at 31 December 1995)*, Geneva.

ILO (1998a), Report I, Report of the Director-General: Activities of the ILO, 1996-97, http://www.ilomirror.who.or.jp/public/english/10ilc/ilc86/repi-c3.htm. 12月6日。

ILO (1998b), *ILO Policy Statements Concerning Women Workers*, http://www.ILO.org/public/english/140femme/structur/ilopolcy.htm. 10月30日。

ILO (2001), Provisional Record 16, Sixth Item on the Agenda: *Social Security-issues, Challenges and Prospects*.

今井けい、1992、『イギリス女性運動史:フェミニズムと女性労働運動の結合』

日本経済評論社。

伊藤周平、1995、「福祉国家とフェミニズム―女性、家族、福祉」『大原社会問題研究所雑誌』第440号。

Jenson, J. and Jacobzone, S.(2001), *Care Allowances for the Frail Elderly and their Impact on Women Care-Givers*, Labour Market and Social-Policy-Occasional Papers No.41, OECD.

神野直彦、1998、「社会負担の財政社会学」『季刊家計経済研究』、1998年春。

木本喜美子、1995、『家族・ジェンダー・企業社会』、ミネルヴァ書房。

木本喜美子／深澤和子編著、2000、『現代日本の女性労働とジェンダー―新たな視角からの接近―』、ミネルヴァ書房。

北　明美、1994、「スウェーデンにおける男女雇用平等政策の今―日本への一視座」竹中恵美子・久場嬉子編『労働力の女性化―21世紀へのパラダイム』、有斐閣。

北　明美、1997、「ジェンダー平等：家族政策と労働政策の接点」岡沢憲芙・宮本太郎編『比較福祉国家論』、法律文化社。

久米弘子、1995、「均等法後の女性雇用の現状」基礎経済科学研究所編『働く女性と家族のいま　①日本型企業社会と女性』、青木書店。

経済企画庁編、1997、『平成9年版　国民生活白書：働く女性―新しい社会システムを求めて』、大蔵省印刷局。

Land, Hilary(1978), 'Who Cares for the Family?', *Journal of Social Policy*, 7(3), July 1978.

Land, Hilary(1983), 'Who Still Cares for the Family?', in Jane Lewis(ed.), *Women's Welfare-Women's Rights,* London: Croom Helm.

Land, Hilary(1989), 'The Construction of dependency,' in Martin Bulmer, Jane Lewis and David Piachaud(eds.), *The Goals of Social Policy*, London: Unwin Hyman.

Land, Hilary(1991), 'Time to care,' in Mavis Maclean and Dulcie Groves, *Women's Issues in Social Policy*, London: Routledge.

Lars-Göran Jansson(2002), New Rights in Sweden for Persons with Functional impairments, http://www.socialeurope.com/confile/country_profiles/payments_sweden_en.htm, 2002年10月14日。

Leaper, Robert (1992), 'The Beveridge Report in its Contemporary Setting,' *International Social Security Review*, 1-2/92.

Leira, Arnlaug (1997), 'Social Rights in a Gender Perspective,' in Peter Koslowski *et al.* (eds.), *Restructuring the Welfare State: Theory and Reform of Social Policy*, Berlin: Springer.

Lewis, Jane (1983), 'Introduction,' in Lewis (ed.), *Women's Welfare-Women's Rights*, London: Croom Helm.

Lewis, Jane (1989), Part II, '6 Introduction,' in Martin Bulmer, Jane Lewis and David Piachaud (eds.), *The Goals of Social Policy*, London: Unwin Hyman.

Lewis, Jane (1992a), 'Gender and the Developments of Welfare Regimes' *Journal of European Social Policy*, 2(3).

Lewis, Jane (1992b), *Women in Britain since 1945*, Oxford: Blackwell.

Lewis, Jane (1994), 'Models of equality for Women: The Case of State Support for Children in Twentieth-century Britain,' in Gisela Bock and Pat Thane (eds), *Maternity and Gender Policies*, London: Routledge.

Lewis, Jane and Daly, Mary (1998), 'Introduction: Conceptualising Social Care in the Context of Welfare State Restructuring,' in Jane Lewis (ed.), *Gender, Social Care and Welfare State Restructuring in Europe*, Aldershot: Ashgate.

Marsh, Leonard (1975), *Report on Social Security for Canada*, Tronto: University of Tronto Press rep.

Meulders, D., Plasman, R. and Stricht, V. (1993), *Position of Women on the Labour Market in the European Community*, Aldershot: Dartmouth.

Miller, Arye L. (1988), 'Insurance against non-employment accidents in Israel,' *International Social Security Review*, 1/88.

水島治郎、2002、「大陸型福祉国家―オランダにおける福祉国家の発展と変容―」宮本太郎編著『福祉国家再編の政治』、ミネルヴァ書房。

森田明美、1994、「女性労働者の出産・育児をめぐる社会的保障の再検討―育児休業法制定過程における論争を中心にして―」倉野精三編『現代生活論の課題』、第一書林。

中川スミ、1994、「『家族賃金』イデオロギーの批判と『労働力の価値分割』論―家族単位から個人単位への労働力再生産機構の変化―」『社会科学研究』第

46巻第3号、1994年12月。

日本労働研究機構、1998、『データブック1999 国際労働比較』。

O'Connor, Julia S., Orloff, Ann Shola and Shaver, Sheila (1999), *States, Markets, Families: Gender, Liberalism and Social Policy in Australia, Canada, Great Britain and the United States*, Cambridge: Cambridge University Press.

OECD (1980), *Women and Employment*, Paris.

OECD (1985), *The Integration of Women into the Economy*, Paris.

OECD (1998a), *The Future of Female-Dominated Occupations*, Paris.

OECD (1998b), *Labour Force Statstics, 1977-1997*, Paris.

大森真紀、1990、『現代日本の女性労働』、日本評論社。

Orloff, Ann S. (1993), 'Gender and the Social Rights of Citizenship: The Comparative Analysis of Gender Relations and Welfare State,' *American Sociological Review*, Vol.58, No.3.

大沢真知子、1998、『新しい家族のための経済学―変わりゆく企業社会のなかの女性』、中公新書。

大沢真理、1992a、「現代日本社会と女性―労働・家族・地域」東京大学社会科学研究所編『現代日本社会6 問題の諸相』、東京大学出版会。

大沢真理、1992b、「女性化する雇用―日本の特徴」昭和女子大学『女性文化研究所紀要』第10号。

大沢真理、1993a、「労働、社会政策とジェンダー―日独比較のための試論―」原ひろこ・大沢真理編『変容する男性社会：労働、ジェンダーの日独比較』、新曜社。

大沢真理、1993b、「日本型福祉国家―企業中心社会の危うい福祉」戸塚秀夫・徳永重良編著『現代日本の労働問題―新しいパラダイムを求めて』、ミネルヴァ書房。

大沢真理、1994、「家事労働の搾取、労働力の価値、家族賃金イデオロギー」『社会科学研究』第46巻第3号、1994年12月。

大沢真理、1995、「『福祉国家比較のジェンダー化』とベヴァリッジ・プラン」『社会科学研究』第47巻4号、1995年12月。

大沢真理、1999、「社会保障政策―ジェンダー分析の試み―」毛利健三編『現代イギリス社会政策史』、ミネルヴァ書房。

Osterle, August (1999), *Equity in the Provision of Long-Term Care: A Comparison of Austria, Italy, the Netherlands and the United Kingdom*, First Draft, Prepared for the International Conference on Beyond the Health Care State: Institutional Innovations and New Priorities in Access, Coverage and Provision of Health Services, European Forum-European University Institute, Florence, 26-27 February 1999.

Ostner, Ilona and Lewis, Jane (1995), 'Gender and the Evolution of European Social Policies' in Stephan Leibfried and Paul Pierson (eds.), *European Social Policy: between Fragmentation and Integration*, Washington, D. C.: The Brookings Institution.

Pedersen, Susan (1993), *Family, Dependence, and the Origins of the Welfare State: Britain and France 1914-1945*, Cambridge University Press.

Report of the Actuaries in Relation to the Proposed Scheme of Insurance Against Sickness, Invalidity, etc.(1910), March 21 (Braithwaite Papers, Part II, Item 4).

Rice, Margery Spring (1939), *Working-Class Wives: Their Health and Conditions*, London: Pelican Books (re. London: Routledge, 2000).

Roberts, Elizabeth (1984), *Woman's Place*, Oxford: Blackwell.

労働省政策調査部編、1998、『平成9年賃金構造基本統計調査』第4巻。

労働省政策調査部編、2000、『平成11年賃金構造基本統計調査』第4巻。

労働省女性局編、1999、『平成10年版女性労働白書―働く女性の実態』、21世紀職業財団。

Sainsbury, Diane (ed.) (1994), *Gendering Welfare States*, London: Sage Publications.

Sainsbury, Diane (1996), *Gender, Equality and Welfare States*, Cambridge: Cambridge University Press.

Sainsbury, Diane (ed.) (1999), *Gender and Welfare State Regimes*, Oxford: Oxford University Press.

Sainsbury, Diane (2001), 'Gendering Dimensions of Welfare States,' in Janet Fink *et al.* (eds.), *Rethinking European Welfare: Transformations of Europe and Social Policy,* London: Sage Publications. なお、この論文はもともと Sainsbury (1996) に収録されている。

Shaver, Sheila (1987), 'Design for a Welfare State: The Joint Parliamentary

Committee on Social Security,' *Historical Studies*, Vol.22, No.88, April 1987.

Siaroff, Alan (1994), 'Work, Welfare and Gender Equality: A New Typology,' in D. Sainsbury (ed.), *Gendering Welfare States*, London: Sage Publications.

柴山恵美子、1993=1995、「女性労働者―男女の職業・家族的責任と社会参画の両立・調和」戸塚秀夫・徳永重良編著『現代日本の労働問題―新しいパラダイムを求めて』、ミネルヴァ書房。

渋谷敦司、1998、「国連・EUの家族政策と女性政策 ジェンダー視点からみた問題点」女性労働問題研究会編『女性労働研究』No.33.

塩田咲子、2000、『日本の社会政策とジェンダー――男女平等の経済基盤―』、日本評論社。

Sipilä, Jorma(1997), 'Introduction,' in Sipilä (ed.), *Social Care Services: The Key to the Scandinavian Welfare Model*, Aldershot: Avebury.

Sipilä, Jorma *et al.*(1997), 'A Multitude of Universal, Public Services-How and Why did four Scandinavian Countries Get Their Social Care Service Model?' in Sipilä (ed.), *Social Care Services: The Key to the Scandinavian Welfare Model*, Aldershot: Avebury.

Skocpol, Theda and Ritter, Gretchen(1991), 'Gender and the Origins of Modern Social Policies in Britain and the United States,' *Studies in American Political Development*, 5, Spring, 1991.

総務庁統計局、1995、『抽出詳細集計結果 その1 全国編』平成7年国勢調査第5巻。

総務庁統計局、1998、『人口の労働力状態 就業者の産業・職業』平成7年国勢調査 編集・解説シリーズ No.6。

総務庁統計局、1998、『事業所に関する統計 全国編 その1』平成8年事業所・企業統計調査報告書 第1巻。

総務庁統計局、1998、『平成9年就業構造基本調査報告 全国編』。

総務庁統計局、1999、『就業者の産業〈小分類〉〈抽出詳細集計結果〉その1 全国編』平成7年国勢調査 第5巻。

Swedish Institute(1999), Fact Sheets on Sweden: The Care of the Elderly in Sweden, http://www.si.se よりダウンロード。

竹中恵美子、1994、「変貌する経済と労働力の女性化――その日本的特質」竹

中恵美子・久場嬉子編『労働力の女性化——21世紀へのパラダイム』、有斐閣選書。
竹中恵美子、1998、「社会政策とジェンダー——二一世紀への展望—」『社会政策学会100年』(社会政策叢書 第22集)、啓文社。
竹中恵美子、2002、「家事労働論の現段階——日本における争点とその特質——」久場嬉子編『経済学とジェンダー』(叢書『現代の経済・社会とジェンダー』第一巻)、明石書店。
Thane, Pat (1996), *Foundations of the Welfare State*, 2nd ed. London: Longman. 深澤和子・深澤敦監訳、2000、『イギリス福祉国家の社会史：経済・社会・政治・文化的背景』、ミネルヴァ書房。
東京女性財団、1995、『世界のアファーマティヴ・アクション—諸外国におけるアファーマティヴ・アクション法制(資料集)—』、東京女性財団。
東京女性財団、1996、『諸外国のアファーマティヴ・アクション法制—雇用の分野にみる法制度とその運用実態—』、東京女性財団。
Ungerson, Clare (1997), 'Social Politics and the Commodification of Care,' in *Social Politics*, Vol.4, No.3, Fall 1997.
Vollmer, Rudolf J. (2000), Long-Term Care Insurance in Germany, Revised Paper given at the European Seminar on Dependency: A New Challenge for Social Protection, Porto, 11th to 14th May, 2000, http://www.socialeurope.com/confile/country_profile/Pflegeversich_EN.htm、2002年10月14日。
ウィットワース、サンドラ／武者小路公秀(代表)、野崎孝弘・羽後静子監訳、2000、『国際ジェンダー関係論—批判理論的政治経済学に向けて—』、藤原書店。
Wilson, Elizabeth (1977), *Women & the Welfare State*, London: Tavistock.
Wilson, Elizabeth (1983), 'Feminism and Social Policy,' in Martin Loney *et al.* (eds.), *Social Policy and Social Welfare*, Milton Keynes: Open University Press.
横山文野、2002、『戦後日本の女性労働政策』、勁草書房。

あとがき

　今回、福祉国家とジェンダーに関する著作を公刊することについて若干の説明をしておきたいと思う。
　私のもともとの専門研究領域はイギリス福祉国家形成史であり、具体的には、イギリスにおける1908年無拠出老齢年金法の成立研究に20年以上取り組んできました。そして、この過程で、一方では、労働者階級の退職とそれに伴う「老後」の歴史的形成に対応した老齢年金制度の理論研究を整理するとともに、他方では、イギリスにおける社会政策としての老齢年金成立の歴史的推進力を明らかにする作業を続けてきました。後者に関しては、以前に勤めていた阪南大学から1990年4月から1年間海外研修の機会を与えられたことを契機に、研究の生産性を上げたいと思い、当該分野の研究の第一人者であるパット・セイン教授のいらしたロンドン大学ゴールドスミス・カレッジの博士課程に籍を置き、研究を本格化させました。その後、日本での教育職とロンドンでの学生という「二足のわらじ」を履いていたため、かなりの期間を要してしまいましたが、1996年7月に無事博士号を取得することができました。したがって、この専門領域で成果を世に問うことが順序としてはまず先だと思いますが、しかし、私としては、その後福祉国家研究の発展の中で注目されるようになった「福祉の複合構制(the mixed economy of welfare)」という概念の中にどのように自らの研究を位置づけるかなど、著書として公刊するには未だ幾つかの課題が残されていることから、その作業は延び延びと

なっていました。

　そして他方で、博士論文準備の一環として上述の1908年老齢年金法や熟練工労働組合と女性との関係などについても研究を広げる中で、イギリス福祉国家とその形成史のジェンダー分析を本格的に開始したいという思いが次第に私の中で強くなってきました。こうして、1991年に木本喜美子さん(一橋大学)とともに「ジェンダー・ワークショップ」を立ち上げ、女性労働とジェンダーに関する文献研究と実態調査にも着手しました。その中で、日本における福祉国家のジェンダー関係分析には安易な単純化による福祉国家の歴史的意義の見落としをはじめとして、様々な問題があることを感じるようになりました。それで、1998年春の社会政策学会大会におけるジェンダー部会主宰のテーマ別分科会での報告を引き受け(そのための数回にわたる準備研究会は非常に有益でした)、本書のもとになった幾つかの論文を発表し、自分自身のジェンダー関係分析の基本的視角を練り上げてきました。

　ところが、2002年4月に「青天の霹靂」ともいうべき「肺ガン」しかも「末期ガン」の告知を受けることになったのです。福祉国家とジェンダーについてのこれまでの研究をまとめておきたいという思いが強くなっていたこともあって、これを契機に出版企画が一気に現実化に向かい始めることになったわけです。そのため、1990年代後半以降に書きためてきた福祉国家とジェンダーに関する論稿を集め、読み直したところ、そのままでは使えそうもないことが判明しました。ここ数年の間に私の中で確かなものとなってきたジェンダー分析の視点から福祉国家の理論や制度分析を行う姿勢を一貫させようとすれば、それ以前のものは視点がいまひとつ曖昧であり欠陥ばかりが目についてしまうのです。したがって、楽しそうに見えたまとめも一筋縄ではいかないと思い、一時はまとめを断念しかけました。

　しかし、院生時代からご指導して頂いた江口英一先生、パット・セイン先生、下関市立大学学長の下山房雄先生、ご自身も病に苦しまれてい

る高島道枝先生、日本女子大学に移ってから、さまざまな形でご指導とご高配を頂いた社会福祉学科の諸先生方、助手の皆様、とりわけ闘病中にきめ細かな配慮をして下さっている同僚であり古くからの友人である岩田正美さん、ゼミの卒業生の内海恭子さん、私の代講を務めて下さった専修大学の唐鎌直義さん、阪南大学時代の先輩教授でブラジルから取り寄せたアガリクスを大量に分けて頂いた森井淳吉先生、同じく阪南大学で同僚であった島浩二さんや藤井政則さん、西欧福祉社会の形成史に関する科研費研究チームの代表である成城大学の大森弘喜さん、励ましのお手紙を下さった相澤與一先生や静岡大学の三富紀敬さん、イギリスからわざわざお見舞いに来てくれたシーラ・トレムレット、免疫治療などに関する多くの情報を与えて下さった東京経済大学の大本圭野さんなど実に多くの友人や知人、そして治療に当たってくれている京都のルイ・パストゥール医学研究センターの三石瑤子先生をはじめとする医療スタッフの皆さん、また川崎での私の闘病生活に寄り添って献身的なケアをしてくれている姉の名嶋洋子や家族などが、これだけ私の支援に心から動いて下さっていることを考えると、その支援や励ましに対して何とか形で応えたいと強く思うようになりました。重い病気というハンディを負いながらの仕事でしたので限界があり、不十分さを自覚させられているのですが、ひとまずの区切りと考えて公刊することにしました。

　最後になりましたが、この出版企画を強力にアレンジして下さった友人の木本喜美子さんと、伴侶としてそして共同研究者としてこれまで私を支えてくれている深澤敦、また思うようにいかない私の体調を考慮して多くの便宜を図って下さった東信堂の下田勝司社長に記して心からの感謝の意を表したいと思います。

　　　2003年5月　　　　　　　　　　　　　　　深澤　和子

【付　記】

　本書の著者、深澤和子さんは、本書の刊行を見届けることなく2003年

7月28日午前5時、肺腺癌のため永眠されました。厳しい闘病生活のなか、深澤さんは本書のとりまとめを始めました。福祉国家とジェンダーとの関係という重要なテーマについて、日本では福祉国家形成史をふまえた本格的な研究蓄積がいまだ十分とはいえない、歴史家としてなんとしても本書をまとめ上げたい、と熱い思いを語っておられました。本書の出版は、病魔との一刻を争う闘いでした。出版社の最大限のご協力を得て、深澤さんが本書の公刊を見届けることができるかもしれないと思えるような時期もありましたが、まことに残念なことに間に合いませんでした。初校までは、病床にあった著者ご本人が確認することができ、お通夜の日に再校ゲラが届きました。その後は深澤敦さんが丹念な校正作業を進めて下さいました。本書に対する読者の評価を知り得なかったことは、さぞかし無念だったにちがいありません。ただ、亡くなられた後の単なる遺稿集ではなく、ご本人が構想された研究書をこうして刊行することができたことが、わずかな慰めになっております。

　心からご冥福をお祈り申し上げます。

（木本喜美子）

索引

【ア行】

ILO100号条約 …………………………………………………42, 57, 59
ILO102号条約…………………………………………………………79
ILO111号条約 ……………………………………………42, 57, 59, 60, 78
ILO123号勧告………………………………………………………42, 57
ILO156号条約 ………………………………41, 42, 57, 58, 60, 67-69
ILO165号勧告 ………………………………41-43, 57, 61, 67, 77, 83
ILO168号条約 ………………………………………………………………78
ILO175号条約 ………………………………………………………………43
ILO171号条約 ……………………………………………………………108
ILO177号条約 ………………………………………………………………43
ILO1975年の「宣言」と「決議」……………………………41, 77, 106
アイスランド ………………………………………………………………104
アイルランド …………………………………………………………………30
アファーマティヴ・アクション ……………41, 57, 59, 66, 108, 147
　→積極的是正措置、ポジティヴ・アクションも見よ
アメリカ ………………29, 30, 45, 47, 53, 54, 56, 58-60, 65, 66, 69,
　　　　　　　　　70, 72, 106, 109, 134, 137, 143, 146, 148, 149
アンガーソン，クレア ……………………………………………86, 111
アンペイド・ワーク …………………4, 7, 15, 16, 18, 28, 30, 31, 39, 70,
　　　　　　　　　78, 80, 82-84, 91, 93, 95, 100, 105, 106
　→無給の家事労働も見よ
イギリス ………………3, 5, 8, 14, 17, 19, 29, 30, 45, 47, 53, 58-60,
　　　　　　　69, 70, 92, 107, 115, 117-119, 125, 143, 145, 148, 149

育児休業制度 ……………………………………………63, 64, 68, 69
育児休業法 ………………………………………………………64, 65
イスラエル ………………………………………………………83, 84
遺族給付の見直し ……………………………………………………80
イタリア ………………………………………………………………46
インフォーマル(な)介護者 ……………………………88, 89, 93, 111
ウィットワース,サンドラ ……………………………………………41
ウィレンスキー,ハロルド …………………………………26, 28, 106
M字型就労カーブ ………………………46, 51, 56, 58, 62, 63, 67, 68, 71
M字型就労サイクル ………………………………………44, 45, 47, 51, 72
M字型就労パターン ………………………………………………42, 46, 148
エスピン=アンデルセン,G ………………………18, 25-29, 32, 87, 129
エンゲルス,フリードリッヒ ………………………………………125
OECD …………………………………………………………52, 107
大沢真理 ……………………………………………28, 101, 129, 149
遅れて女性が動員された福祉国家 ………………………………29, 51
オーストラリア …………………………………8, 9, 39, 92, 145, 148
オーストリア …………………………………………47, 87-89, 143
オランダ ……………………………………………………………100
オランダ・モデル …………………………………………………112

【カ行】

介護給付 ……………………………………………………85, 87, 90, 94
介護者給付 ………………………………………………87, 90-94, 111
各人稼得者=家族世話係 ……………………33, 34, 84, 94, 95, 96, 112
家事労働 ……………………………7, 83, 84, 101, 116, 117, 122, 129
家事労働論争 ……………………………………………13, 100, 101, 132
「家族主義」度 ………………………………………………………104
家族賃金 ………………………………………102, 119, 122, 124, 125, 130
家族賃金イデオロギー ……………17, 29, 103, 107, 119, 122, 123, 126
家族手当 …………………………………………………………117, 118
家族の法的扶養義務 …………………………………………………89
家族福祉重視度 ……………………………………………27, 28, 106, 107
カナダ …………………45, 47, 53, 59, 60, 65, 66, 69, 72, 83, 103, 106, 143, 148, 149

家父長制 ……………………………………………………………14, 19, 20, 21
家父長制的(福祉)国家 ………………………………………………20, 22
企業(中心)社会 ………………………………………………………………56
規模別賃金格差 ………………………………………………………………137
逆U字型 …………………………………………………………………44, 46
強度の男性稼得者国家 ……………………………………………………30, 105
金融自由化 ……………………………………………………………………143
ケアワーク ……………7, 19, 27, 31, 32, 34, 35, 80-83, 85, 87, 93, 95, 96, 101, 103, 116
経済のサービス化 ……………………………………………52, 53, 143, 144, 146, 149
結果の平等 ……………………………………………………………………108
激変緩和措置 …………………………………………………………………108
後見人国家 …………………………………………………………………22, 24
高齢者ケア …………………………………………………………81, 82, 84-87, 92
子どもによる親の扶養義務 …………………………………………………111
個別化自立手当(APA) ………………………………………………………111
コーポラティスト国家 ………………………………………………………24
コーポレイトな諸団体 ……………………………………………………22, 24
雇用者としての国家 ………………………………………………………63, 72
婚姻から派生する権利 ……………………………………………………39, 69, 70

【サ行】

ジェンダー間職業分離・職務分離 ……………………………………………42
ジェンダー平等推進者としての国家 ……………………………………57, 60, 62
ジェンダー不平等 ……………………………17-19, 22, 40, 42, 62, 69, 132, 148
ジェンダー・ポリシー体制 ………………………………………………33-35
ジェンダー・ポリティックス …………………………………………………94
児童手当 ………………………………………………………………………118
社会政策の個人モデル ………………………………………………………33
社会的ケアサーヴィス・モデル …………………………………………85, 91
社会的市民権 ………………………………………………………………18, 33
社会保障(制度)に関する男女平等待遇(原則・指令) ………69, 70, 78-80, 111
社会民主主義的福祉国家 ……………………………………………………105
社会民主連盟(SDF) ……………………………………………………125, 126
修正された男性稼得者国家 …………………………………………………30

自由主義的福祉国家 …………………………………………53, 72, 105
シーロフ，アラン ………………………………27, 47, 50, 69, 105
主婦の雇用(有給)労働 ………………………………115, 116, 120, 121
主婦の労働 ………………………………………………………115, 117
上位10職業 …………………………………………………143-146, 149
女性協同組合ギルド ………………………………………………20, 127
女性建築技術者 …………………………………………………………147
女性(女子)差別撤廃条約 …………………………………………42, 106
女性職 ………………………………93, 95, 96, 143, 145, 146, 148, 149
女性の就業構造 ……………………………………51-53, 56, 133, 135, 136
「女性の役割」イデオロギー ……………………………………123, 127
女性の領分というイデオロギー ……………………………………30
女性の労働願望(度) …………27, 28, 47, 50-52, 57, 58, 67, 69, 71, 72, 107
女性派遣労働者 ……………………………………………………………141
神野直彦 ………………………………………………………………………22
スイス …………………………………………………………29, 51, 56, 60
スウェーデン …………………31, 45, 52, 68, 70, 90-92, 100, 104, 108, 111, 134
スコチポール，スィーダ ……………………………………………………29
スペイン ……………………………………………………………………46
製版工に占める女性比率 ……………………………………………………147
性別産業分離 ……………………………………………………………56,
性別職業分離 ………………………………………………107, 143, 146, 148
性別(役割)分業 ………………17, 19, 28, 33, 34, 44, 69, 86, 104, 116, 118, 119, 124-126
セインズベリ，ダイアン ………………………27, 28, 31-34, 83, 84, 94, 95, 105
セクシャル・ハラスメント防止 ………………………………………………61
積極的是正措置 ……………………………………41, 57, 59-61, 66, 73, 80, 108
　→アファーマティヴ・アクション、ポジティヴ・アクションも見よ
先進カトリック民主主義的福祉国家 ………………………………………29, 47

【タ行】

脱家族化 …………………………………………………………………33, 104
脱商品化 ………………………………………………………18, 19, 26, 27
ダラ・コスタ，マリアローザ …………………………………………………117
男女間賃金格差 ……………………………………………………131, 137, 140

男女共同参画社会 …………………………………………………29
男女雇用機会均等法 …………………………………………60-62
男女の機会均等 …………………………………………………53
男性稼得者モデル …………………………………………30, 31, 72
男性＝稼得者／女性＝被扶養の家族世話係 …………3-9, 14-18, 25, 30, 32, 35,
　　　　　　　　　　　　　　　　　　39, 40, 41, 45, 94, 96, 102, 103, 111
男性職 …………………………………………………………149
男性の就業構造 …………………………………………………52
男性派遣労働者 ………………………………………………141
地域・社会・対人サービス …………………………………52-54, 56
中度の男性稼得者国家 ………………………………………105
低度の男性稼得者国家 …………………………………………31, 105
デンマーク ……………………………………100, 104, 105, 108, 111
ドイツ ……………………………47, 83, 87, 89, 90, 93, 105, 137, 143, 146, 149
ドイツの介護保険 ………………………………………………7

【ナ行】
日本的雇用慣行 ………………………………………………148
人間解放の(ための)潜在力 ……………………………20, 21, 25, 27, 103
農家女性労働(力) ……………………………………………133, 144
ノルウェー ………………………………………45, 52, 100, 104, 111, 143

【ハ行】
パートタイマー ……………………………………………19, 138
ハーネス，ヘルガ ………………………………………………21
発注者としての国家 ……………………………………57, 65, 72, 73, 110
母親手当 …………………………………………115, 117-119, 125-127
ハント，カレン ………………………………………………125
比較福祉国家研究 ……………………………………25, 26, 29-32, 81
フィンランド ……………………………………45, 90, 93, 100, 104, 111, 148
フェビアン女性グループ ………………………………………126
福祉国家体制 …………………………………………………4, 26, 40
福祉国家の「危機」 ……………………………………………22, 23

福祉国家のジェンダー分析 ……………………3, 9, 13-18, 21, 25, 116, 118, 129
福祉国家のリストラクチャリング ……………………………………………82
福祉国家(の)類型化論 ……………………………………………………4, 25
福祉サービスの社会化 ………………………………………………………146
復職規定 …………………………………………………………………………65
父権主義的政策 …………………………………………………………………29
ブース，チャールズ ………………………………………………………130
扶養手当 ………………………………………………………………………118
フランス …………………………30, 45, 47, 58-60, 68, 70, 87, 89, 93, 108, 143
プロテスタントの社会民主主義的福祉国家 ………………………28, 47, 57
プロテスタントの自由主義的福祉国家 ………………29, 47, 56-58, 66, 108
ベヴァリッジ・プラン ………………3-9, 14, 17, 18, 100, 102, 103, 106, 115
別居手当 ………………………………………………………………………118
別個のジェンダー役割 …………………………………………………………33
ベーベル，アウグスト ………………………………………………………125
ベルギー ……………………………………………………………47, 100, 105
北欧諸国 ………………………………………45, 47, 58-60, 68, 69, 108
保護立法の見直し ………………………………………………………41, 106
ポジティヴ・アクション ………………………………………………………41
　→アファーマティヴ・アクション、積極的是正措置も見よ
「保守主義的・コーポラティスト的」福祉国家 …………………………………87
母性主義的政策 …………………………………………………………………29
ホームヘルプサービス …………………………………………………67, 91
ホワイトカラー化 ……………………………………………………144, 149

【マ行】

マーシュ報告 …………………………………………………………102, 103
「南ヨーロッパ」型福祉国家 …………………………………………………104
無給の家事労働 ………………………………………………………101, 115
　→アンペイド・ワークも見よ
無業の妻 …………………………………………………………………4, 6, 7, 39

【ヤ行】

有業(の)既婚女性 …………………………………………………4, 5, 40, 102, 103
要介護者給付 ……………………………………………………87-91, 93, 94, 111
要介護特別手当(PSD) ………………………………………………………………89
横山文野 ……………………………………………………………………………105

【ラ行】

ラウントリー，ベンジャミン・シーボウム ……………………………120, 130
ラスボウン，エリナ ………………………………………………………………117
ラロック，ピエール ……………………………………………………3, 100, 110
ランド，ヒラリー ……………………………………………………………14, 20
リッター，グレッチェン……………………………………………………………29
ルイス，ジェイン …………………………………………………16, 20, 30, 31, 81
労働集約的産業構造 ………………………………………………………………144
労働年齢にある既婚女性(主婦) ……………………………………………4, 116
労働力の女性化 ………………………………………133-136, 141-144, 146, 147

【ワ行】

ワークシェアリング ………………………………………………………………100

深澤　和子（ふかさわ　かずこ）

1945年10月28日生まれ。
1977年　慶応義塾大学大学院経済学研究科博士課程単位取得退学。
1981年〜1996年　阪南大学経済学部専任講師・助教授
1996年7月　ロンドン大学ゴールドスミス・カレッジから歴史学博士号取得
1996年〜2001年　阪南大学経済学部教授
2001年〜2003年　日本女子大学人間社会学部教授
2003年7月28日　肺腺癌のため死去

主要業績

「19世紀末におけるC.O.S.と国家扶助(State-aided)老齢年金問題──C.O.S.の国家扶助＝『国民総救民化』批判の論拠」『阪南論集(人文・自然科学編)』(阪南大学)第30巻3号、1995年。

〈Voluntary Provision for Old Age by Trade Unions in Britain before the Coming of the Welfare State: The Cases of the Amalgamated Society of Engineers and the Typographical Association〉、ロンドン大学博士論文、1996年。

〈From Superannuation Benefit to State Old-Age Pensions: The Development of Trade Unionisits' Views〉, in Ad Knotter *et al.* (eds.), *Labour, Social Policy, and the Welfare State*, Stiching beheer IISG, Amsterdam, 1997。

パット・セイン著『イギリス福祉国家の社会史──経済・社会・政治・文化的背景』(共監訳)ミネルヴァ書房、2000年。

『現代日本の女性労働とジェンダー──新たな視角からの接近──』(共編者)ミネルヴァ書房、2000年。

福祉国家とジェンダー・ポリティックス
2003年9月14日　初版　第1刷発行　　〔検印省略〕

＊定価はカバーに表示してあります

著者©深澤和子／発行者　下田勝司　　印刷・製本　中央精版印刷
東京都文京区向丘1-20-6　振替00110-6-37828　　発行所
〒113-0023　TEL(03)3818-5521　FAX(03)3818-5514　　株式会社　東信堂
E-Mail tk203444@fsinet.or.jp

Published by TOSHINDO PUBLISHING CO., LTD.
1-20-6, Mukougaoka, Bunkyo-ku, Tokyo, 113-0023, Japan

ISBN4-88713-516-5　C3036　©Kazuko Fukasawa

【現代社会学叢書】

書名	副題	著者	価格
開発と地域変動	開発と内発的発展の相克	北島滋	三二〇〇円
新潟水俣病問題	加害と被害の社会学	飯島伸子・舩橋晴俊編著	三八〇〇円
在日華僑のアイデンティティの変容	華僑の多元的共生	過放	四四〇〇円
健康保険と医師会	社会保険創始期における医師と医療	北原龍二	三八〇〇円
事例分析への挑戦	個人・現象への事例媒介的アプローチの試み	水野節夫	四六〇〇円
海外帰国子女のアイデンティティ	生活経験と通文化的人間形成	南保輔	三八〇〇円
有賀喜左衛門研究	社会学の思想・理論・方法	北川隆吉編	三六〇〇円
現代大都市社会論	分極化する都市？	園部雅久	三二〇〇円
インナーシティのコミュニティ形成	神戸市真野住民のまちづくり	今野裕昭	五四〇〇円
ブラジル日系新宗教の展開	異文化布教の課題と実践	渡辺雅子	八二〇〇円
イスラエルの政治文化とシチズンシップ		奥山眞知	三八〇〇円
正統性の喪失	アメリカの街頭犯罪と社会制度の衰退	G・ラフリー／宝月誠監訳	三六〇〇円
福祉国家の社会学	21世紀における可能性を探る	三重野卓編 シリーズ社会政策研究 1	二〇〇〇円
福祉国家の変貌	グローバル化と分権化のなかで	小笠原浩一編 シリーズ社会政策研究 2	二〇〇〇円
福祉国家の医療改革		三重野卓・近藤克則編 シリーズ社会政策研究 3	二〇〇〇円
社会福祉とコミュニティ	共生・共同・ネットワーク	園田恭一編	三八〇〇円
新潟水俣病問題の受容と克服	政策評価にもとづく選択	堀田恭子著	四八〇〇円
新潟水俣病をめぐる制度・表象・地域		関礼子	五六〇〇円
ホームレス ウーマン	知ってますか、わたしたちのこと	E・リーボウ／吉川徹・轟里香訳	三二〇〇円
タリーズ コーナー	黒人下層階級のエスノグラフィ	E・リーボウ／吉川徹監訳	二三〇〇円

―― 東信堂 ――

〒113-0023 東京都文京区向丘1-20-6 ☎03(3818)5521 FAX 03(3818)5514 振替 00110-6-37828
E-mail:tk203444@fsinet.or.jp

※税別価格で表示してあります。

― 東信堂 ―

〔シリーズ 世界の社会学・日本の社会学 全50巻〕

書名	副題	著者	価格
タルコット・パーソンズ	―最後の近代主義者	中野秀一郎	一八〇〇円
ゲオルク・ジンメル	―現代分化社会における個人と社会	居安 正	一八〇〇円
ジョージ・H・ミード	―社会的自我論の展開	船津 衛	一八〇〇円
アラン・トゥーレーヌ	―現代社会のゆくえと新しい社会運動	杉山光信	一八〇〇円
アルフレッド・シュッツ	―主観的時間と社会的空間	森 元孝	一八〇〇円
エミール・デュルケム	―社会の道徳的再建と社会学	中島道男	一八〇〇円
レイモン・アロン	―危機の時代の透徹した警世思想家	岩城完之	一八〇〇円
奥井復太郎	―都市社会学と生活論の創始者	藤田弘夫	一八〇〇円
新明正道	―綜合社会学の探究	山本鎭雄	一八〇〇円
米田庄太郎	―新総合社会学の先駆者	中 久郎	一八〇〇円
高田保馬	―理論と政策の無媒介的合一	北島 滋	一八〇〇円

日本の環境保護運動		長谷敏夫	二五〇〇円
現代社会学における歴史と批判（上巻）		武川正吾編	二六〇〇円
現代社会学における歴史と批判（下巻）―グローバル化の社会学		山田信行編	二八〇〇円
現代日本の階級構造―理論・方法・計量分析		丹辺宣彦編	二八〇〇円
イギリスにおける住居管理―近代資本制と主体性		片桐新自編	二八〇〇円
イギリスにおける住居管理―オクタヴィア・ヒルからサッチャーへ		橋本健二	四三〇〇円
BBCイギリス放送協会（第二版）		中島明子	七四五三円
〔中野 卓著作集 生活史シリーズ〕―パブリック・サービス放送の伝統		簑葉信弘	二五〇〇円
1 生活史の研究		中野 卓	二五〇〇円

〔研究誌・学会誌〕

日本労働社会学会年報 4～13	日本労働社会学会編	二九〇〇～三三〇〇円
労働社会学研究 1～3	社会学会編	各一八〇〇円
社会政策研究 1～3	「社会政策研究」編集委員会編	三三八一〇〇円
コミュニティ政策 1	コミュニティ政策学会・研究フォーラム編	一五〇〇円

〒113-0023 東京都文京区向丘1―20―6
☎03(3818)5521　FAX 03(3818)5514　振替 00110-6-37828
E-mail:tk203444@fsinet.or.jp

※税別価格で表示してあります。

― 東信堂 ―

東京裁判から戦後責任の思想へ（第四版）	大沼保昭	三三〇〇円
〔新版〕単一民族社会の神話を超えて	大沼保昭	三六八九円
なぐられる女たち――世界女性人権白書	米国国務省・鈴木・米田訳	二八〇〇円
地球のうえの女性――男女平等のススメ	有澤・小寺ほか訳	一九〇〇円
国際人権法入門	小寺初世子	二八〇〇円
摩擦から協調へ――ウルグアイラウンド後の日米関係	T・バーゲンソル 小寺初世子訳	二八〇〇円
入門 比較政治学――民主化の世界的潮流を解読する	中川淳司訳	三八〇〇円
国家・コーポラティズム・社会運動――制度と集合行動の比較政治学	T・ショーエンバウム編著	二九〇〇円
ポスト冷戦のアメリカ政治外交――残された「超大国」のゆくえ	H・J・ウィーアルダ 大木啓介訳	五四〇〇円
巨大国家権力の分散と統合――現代アメリカの政治制度	桐谷仁	四三〇〇円
ポスト社会主義の中国政治――構造と変容	阿南東也	三八〇〇円
プロブレマティーク 国際関係	今村浩編	三八〇〇円
クリティーク国際関係学	三好陽編	二〇〇〇円
刑事法の法社会学――マルクス、ヴェーバー、デュルケム	小林弘二	二二〇〇円
軍縮問題入門〔第二版〕	関下稔他編	四四六六円
PKO法理論序説	永田秀樹・中川涼司編	二三〇〇円
時代を動かす政治のことば――尾崎行雄から小泉純一郎まで	J・インヴァニティ 松村・宮澤・土井訳	三八〇〇円
世界の政治改革――激動する政治とその対応	黒沢満編	一八〇〇円
比較政治学とデモクラシーの限界	柘山堯司	四六六六円
村山政権とデモクラシーの危機	藤本一美編	四二〇〇円
〔現代臨床政治学叢書・岡野加穂留監修〕	岡野加穂留編	四二〇〇円
政治思想とデモクラシーの検証	大六野耕作編	三八〇〇円
アメリカ連邦最高裁判所	伊藤重行編 岡野加穂留編	三八〇〇円
〔シリーズ〈制度のメカニズム〉〕		
衆議院――そのシステムとメカニズム	大越康夫	一八〇〇円
アメリカ連邦最高裁判所	向大野新治	一八〇〇円

〒113-0023 東京都文京区向丘1－20－6 ☎03(3818)5521 FAX 03(3818)5514 振替 00110-6-37828
E-mail:tk203444@fsinet.or.jp
※税別価格で表示してあります。

━━━ 東信堂 ━━━

大学の自己変革とオートノミー——点検から創造へ	寺﨑昌男	二五〇〇円
大学教育の創造——歴史・システム・カリキュラム	寺﨑昌男	二五〇〇円
大学教育の可能性——教養教育・評価・実践	寺﨑昌男	二五〇〇円
〔シリーズ教養教育改革ドキュメント・監修寺崎昌男・絹川正吉〕		
立教大学へ〈全カリ〉のすべて——リベラル・アーツの再構築	全カリの記録編集委員会編	二一〇〇円
ICUへリベラル・アーツのすべて	絹川正吉編著	二三八一円
大学評価の理論と実際——自己点検・評価ハンドブック	H・R・ケルズ 喜多村和之監訳	三二〇〇円
大学授業研究の構想——過去から未来へ	京都大学高等教育教授システム開発センター編	二四〇〇円
大学の誕生と変貌——ヨーロッパ大学史断章	横尾壮英	三二〇〇円
大学史をつくる——沿革史編纂必携	寺﨑・別府・中野編	五〇〇〇円
大学院教育の研究	バートン・R・クラーク編 潮木守一監訳	五六〇〇円
作文の論理——〈わかる文章〉の仕組み	宇佐美寛編著	一九〇〇円
大学の授業	宇佐美寛	二五〇〇円
アメリカの大学基準成立史研究——「アクレディテーション」の原点と展開	前田早苗	三八〇〇円
大学力を創る：FDハンドブック	大学セミナー・ハウス編	二三八一円
私立大学の財務と進学者	丸山文裕	三五〇〇円
私立大学の経営と教育	丸山文裕	三六〇〇円
短大ファーストステージ論	舘昭高鳥正夫編	二〇〇〇円
短大からコミュニティ・カレッジへ——飛躍する世界の短期高等教育と日本の課題	舘昭編	二五〇〇円
夜間大学院——社会人の自己再構築	新堀通也編著	三二〇〇円
現代アメリカ高等教育論	喜多村和之	三六八九円
アメリカの女性大学・危機の構造	坂本辰朗	二四〇〇円
アメリカ大学史とジェンダー	坂本辰朗	五四〇〇円
アメリカ教育史の中の女性たち——ジェンダー・高等教育・フェミニズム	坂本辰朗	三八〇〇円

〒113-0023 東京都文京区向丘1-20-6 ☎03(3818)5521 FAX 03(3818)5514 振替 00110-6-37828
E-mail:tk203444@fsinet.or.jp
※税別価格で表示してあります。

——東信堂——

【世界美術双書】

書名	著者/編訳者	価格
バルビゾン派	井出洋一郎 訳	二〇〇〇円
キリスト教シンボル図典	中森義宗	二〇〇〇円
パルテノンとギリシア陶器	関 隆志	二二〇〇円
中国の版画──唐代から清代まで	小林宏光	三二〇〇円
象徴主義──モダニズムへの警鐘	中村隆夫	三二〇〇円
中国の仏教美術──後漢代から元代まで	久野美樹	三二〇〇円
セザンヌとその時代	浅野春男	三二〇〇円
日本の南画	武田光一	三二〇〇円
画家とふるさと	小林 忠	三二〇〇円
ドイツの国民記念碑──一八一三年-一九一三年	大原まゆみ	三二〇〇円

【芸術学叢書】

書名	著者/編訳者	価格
芸術理論の現在──モダニズムから	谷川渥編	三八〇〇円
絵画論を超えて	藤枝晃雄編	四六〇〇円
幻影としての空間──図学からみた東西の絵画	尾崎信一郎	三七〇〇円
芸術/批評 0号	責任編集 藤枝晃雄	一九〇〇円
美術史の辞典	P・デューロ他 中森義宗・清水忠訳	三六〇〇円
都市と文化財──アテネと大阪	関 隆志編	三八〇〇円
図像の世界──時・空を超えて	中森義宗	二五〇〇円
アメリカ映画における子どものイメージ──社会文化的分析	K・M・ジャクソン 牛渡 淳訳	二六〇〇円
キリスト教美術・建築事典	P・マレー/L・マレー 中森義宗監訳	続刊
イタリア・ルネサンス事典	H・R・ヘイル編 中森義宗監訳	続刊

〒113-0023 東京都文京区向丘1—20—6　☎03(3818)5521　FAX 03(3818)5514　振替 00110-6-37828
E-mail:tk203444@fsinet.or.jp

※税別価格で表示してあります。